Vera Griebert-Schröder

Schamanische Reisen zur Seele

Ganz werden durch die inspirierende Kraft der Erinnerung

südwest

Inhalt

Die Reise zur Seelenerinnerung ist eine Reise zur Entdeckung und Entfaltung Ihres wahren Potenzials.

4 Vorwort von Carlo Zumstein

5 Die Erinnerung an die Kraft Ihrer Seele

7 Sich mit der ureigenen Kraft verbinden

7 Was heißt Seelenerinnerung?

11 Seelenverlust

13 Die Seelenanteile zurückholen

14 Wann hilft die Seelenerinnerung?

17 Wie wichtig ist diese Arbeit heute?

18 Himmel und Erde verbinden

20 Die Tradition der Schamanen

21 Konditionierungen erkennen

23 Sinnerfüllt heißt immer auch freudig

25 Heilung heißt Ganzwerdung

25 Vier Ebenen

26 Der Körper – das Haus, in dem die Seele wohnt

28 Die mentale und die emotionale Ebene

31 Die spirituelle Ebene

32 In allerbester Ordnung

35 Was beflügelt meine Seele?

35 Raus aus dem alten Sumpf – hin zur Kraft

37 Was freut Sie wirklich?

40 Die Kraft der Inspiration

42 Alles wächst zum Licht

45 Das Reisen: Der Weg zur Seelenerinnerung

45 Schamanismus und Core-Schamanismus

46 Eine andere Welt

47 Die Reisetechnik

50 Die Kraft einladen – das Krafttier oder den Lehrer finden

55 Altes verabschieden

55 Vor jedem Neuanfang – aufräumen

58 Der Segen des Zurücklassens

59 Altes verabschieden – ganz praktisch

62 Auch die Seelenerinnerung hilft beim Loslassen

65 Die Reise zur Seelenerinnerung

65 Die Absicht – der wesentliche Treibstoff

66 Worte und Wünsche – wichtig ist der Sinn dahinter

67 Die Entwicklung beginnt lange vor der Reise

68 Symbole zur Vorbereitung

70 Einen heiligen Raum schaffen

71 Die Praxis der eigentlichen Reise

74 Die Heimkehr in den Körper

77 Leben mit der Seelenerinnerung

77 Das Erlebte verstehen

78 Sich selbst neu erfinden

81 Kleine persönliche Kunstwerke

82 Rituale der Kraft

84 Sich stets neu mit der Seelenkraft verbinden

85 Ein Fest, um die Seelenerinnerung zu ehren

89 Immer wieder neu zur Seelenerinnerung reisen

91 Professionelle Hilfe in Anspruch nehmen

92 Was immer bleibt – Dankbarkeit

93 Danksagung und Adressen

94 Weiterführende Literatur

95 Register

96 Über dieses Buch

Ebenso vielfältig wie die Natur sind auch die Möglichkeiten, unsere ureigenen Fähigkeiten zu nutzen.

Vorwort

Die Seele als Lebenskraft, Inspiration und Leidenschaft – und damit als Grundlage unseres Heilseins.

Eine Reise zur Seele! Wohin soll diese Reise führen? Meine Seele ist doch in mir! Das stimmt! Und doch: In besonderen Augenblicken ahnen wir alle, dass unsere Seele weit über das hinausreicht, was wir bewusst und unbewusst tagtäglich in unserem Inneren mittragen. Vera Griebert-Schröder stellt eindrücklich dar, wie wir auf einfache Weise in jene uns scheinbar fernen Sphären gelangen, wo unsere Seele immer vollkommen, heil und heilig ist und bleibt.

Vera weist uns den Weg zum Ursprung unseres Wesens. Hier erfahren wir Seele als reine Lebenskraft, Inspiration und Leidenschaft – Kräfte, die wir zur erfolgreichen Gestaltung unseres Lebens so dringend brauchen.

Schamanische Reisen zur Seele sind keine horizontalen Reisen in die Vergangenheit mit all ihren schmerzlichen Erfahrungen, Enttäuschungen und Zurückweisungen. Vera spricht von Erinnerung als Rückkehr in die Tiefe des Ur-Inneren, dorthin, wo unsere Seele in ihrer ursprünglichen und letztlich unzerstörbaren Vollkommenheit immer auch eins ist mit dem großen Ganzen. Dort können wir echte Heilung erfahren.

Vera Griebert-Schröder ist nicht nur eine erfahrene Psychotherapeutin, sondern auch eine leidenschaftliche und umsichtige spirituelle Heilerin. Sie befreit uns vom langwierigen Aufarbeiten der Vergangenheit. Auf einfache Weise führt sie uns ins Erfahrungswissen der Schamanen ein. Die Heilerinnen und Heiler der Urvölker haben uns mit der schamanischen Reise ein einfaches Ritual hinterlassen, unser Bewusstsein so zu erweitern, dass wir hinter den belastenden Erinnerungen und den Limitierungen der Alltagswirklichkeit zur Quelle unserer Lebenskräfte gelangen.

Vera begleitet uns achtsam durch alle Phasen der Vorbereitung auf die Reise zur Seelenerinnerung. Ihre tiefe Erfahrung und ihr Wissen um die vielen Facetten des Lebens machen es leicht, ihr vertrauensvoll zu folgen. Sie ist mir selbst eine inspirierende Weggefährtin.

Dr. phil. Carlo Zumstein
Gründer und Leiter der
Foundation for Living Shamanism and Spirituality, FLSS.ch
Autor der Bücher *Reise hinter die Finsternis*
und *Der schamanische Weg des Träumens*

Die Erinnerung an die Kraft Ihrer Seele

Während ich bei einem meiner Seelenrückholungsseminare für meine Teilnehmer trommelte, drängten sich mir Bilder von Lichtstrahlen und Sternenstaub auf. Ich sah Glitzerfunken, die aus der Erde aufstiegen. Meine geistigen Helfer meinten: »Begleite die Menschen noch stärker dorthin, wo sie ihre Leidenschaft finden, dorthin, wo sie die wahre Sinnhaftigkeit und die Freude auf eine erfüllte Zukunft finden. Sie haben lange genug im Dunkeln gesucht, es ist nun endlich an der Zeit, ihren Blick auf ihre Potenziale und Fähigkeiten zu lenken. Ihr Menschen solltet die Chance nutzen, euch zu entfalten und das zu vergrößern, was ihr für dieses Leben mitbekommen habt. Ihr solltet nicht an den Unzulänglichkeiten hängen bleiben.«

Um die Menschen auf dem Weg zu ihrer ureigenen Kraft zu unterstützen, habe ich die schamanische Methode der Seelenerinnerung entwickelt. In ihrem Kern ist dies die schamanische Reise zur Essenz der Seele, zu dem Funken, der das höchste Potenzial, die größte Freude und innigste Wahrheit eines Individuums ausmacht. Und es ist die Integration dieser Seelenkraft im eigenen Körper, in den eigenen Gefühlen und Gedanken und schließlich im alltäglichen Leben.

Die Reise zur Seelenerinnerung ist keine Aufarbeitung alter, schmerzhafter Erfahrungen, sondern die Wiederentdeckung unseres ureigensten Potenzials, das uns Kraft und Erfüllung schenkt.

Nur wenige Wochen, nachdem ich das Konzept dieser neuen Möglichkeit des schamanischen Arbeitens entwickelt hatte, bat mich meine Lektorin, ein neues Buch zu schreiben. Und ich freue mich, es Ihnen nun vorstellen zu dürfen. Ich möchte Sie mit diesem Buch anregen, sich auf die Reise zu Ihrer Seelenerinnerung zu begeben, zu der Energie, die Ihre Seele beflügelt und Ihrem Leben einen liebevollen Schubs gibt – hin zu Kraft, Kreativität und tiefer Erfüllung. Sie erfahren hier alles, was Sie dafür benötigen. Das Wesentliche aber halten die Helfer und Kräfte der geistigen Welt für Sie bereit, um Sie zu bestärken, eins zu sein mit der Schönheit und der Schöpfung.

Vera Griebert-Schröder

Sich mit der ureigenen Kraft verbinden

Kraftlos, gehetzt und pessimistisch – wie viele Menschen laufen so durch ihr Leben? Sind wir aber wirklich so gedacht? Sollte es das Wesen des Menschen sein, seine Zeit hier auf der Erde voller Sorgen und mehr oder weniger freudlos zu verbringen?
Im Schamanischen geht man davon aus, dass alles lebendig und beseelt ist. Alles wirkt in einem Zusammenspiel der Kräfte – und die können uns Menschen in ihrer ganzen Vielfalt und Wirkkraft bewusst werden. In dieses Energiefeld des großen Ganzen einzutauchen bedeutet auch, sich als Teil dieses großen Ganzen wahrzunehmen, sich seiner Bestimmung im Leben immer klarer bewusst zu werden – und sie kraftvoll zu leben. Genau diesem Ziel dient die Seelenerinnerung, die ich Ihnen mit diesem Buch ans Herz legen möchte.

»Ich suche nicht – ich finde. Suchen, das ist Ausgehen von alten Beständen und ein Finden-Wollen von bereits Bekanntem im Neuen. Finden – das ist das völlig Neue!«
Pablo Picasso

Was heißt Seelenerinnerung?

Ein Mensch, der seine Seelenkraft wieder erinnert, lebt so, wie er in seiner Göttlichkeit gedacht ist: Er bringt nach und nach all seine Fähigkeiten und Talente, seine ganze Schönheit und Kraft zur Entfaltung und zur vollen Blüte. Göttlichkeit ist in diesem Sinne als das große Ganze, als Schöpferkraft, *divine,* oder wie es im Indianischen heißt: als der große Geist gemeint. Davon ist jeder Mensch ein Teil, der zugleich auch das Ganze in sich trägt.

Leben – ein Wunder voller Potenzial

Damit bezieht sich die Seelenerinnerung auf die Einheit jenseits aller Polarität, jenseits von Gut und Böse, Hell und Dunkel. In dieser Einheit schlummert gewissermaßen die Idee für alle beseelten Wesen und Individuen, die aus ihr hervorgehen können und die dann beispielsweise als ein

Mensch im 21. Jahrhundert Gestalt annehmen. In dieser Einheit gibt es jeden von uns in seiner ganzen Schönheit, seiner Ganzheitlichkeit, als einen Glanz und ein Leuchten. Dort sind wir in der Essenz des Seins, das sich dann in einer irdischen Form manifestiert. Von dem großen Ganzen aus gehen wir hinaus in die Welt, in eine physische Realität mit ihrer Alltäglichkeit. Denn wir wollen Erfahrungen machen, lernen und uns weiterentwickeln. In der Welt bekommen wir unsere Individualität, ein Ego, wir werden das, was man gemeinhin als Mensch bezeichnet, mit all seinen schönen und den weniger schönen Seiten.

Es liegt ein beinahe unerschöpflich großes Potenzial darin, als Mensch auf der Erde zu leben. Wenige leben es voll entfaltet, andere erahnen es nur. Doch gerade aus dieser Fülle heraus lässt sich ein kraftvolles, gesundes und einfach schönes Dasein gestalten. Leben ist immer ein Auf und Ab, es wird immer leichte und schöne Zeiten ebenso wie Krisen und Herausforderungen geben. Doch innerhalb dessen kann sich eine große Kraft, eine große Schönheit und letztendlich auch Glück entfalten.

Auch ein Mandala ist ein Symbol, es steht für die Ganzheit. Als Kreis trägt es Anfang und Ende in sich und ist damit zugleich auch ein Medizinrad, wie man es im Indianischen kennt.

Eine Qualität von Lebenskraft

Die Symbole, Bilder, Gefühle oder einfach Energien, die Sie mit der hier vorgestellten schamanischen Arbeit als Ihre Seelenerinnerung erhalten, verbinden diese beiden Ebenen miteinander: auf der einen Seite das Menschsein in der irdischen Realität und auf der anderen Seite die rein geistige Ebene des großen Ganzen, in der jedes Wesen in seiner Ganzheit und Schönheit als Gedanke enthalten ist.

Die Seelenerinnerung steht einem Menschen in jeder Lebenssituation zur Verfügung. Sie können sich von ihr inspirieren lassen, wenn Sie nach einer Lösung für ein Problem im Job suchen. Sie können sich von ihr in Partnerschaftsfragen leiten lassen. Sie können sich von ihrer Kraft energetisieren lassen, um Schritt für Schritt den Weg aus einer Krise zu meistern. Oder Sie nutzen sie, um ganz allgemein zu mehr Ausgeglichenheit, Durchsetzungsvermögen oder Lebenslust zu gelangen. Die Möglichkeiten sind fast unendlich. Zugleich ist diese Seelenenergie für den Einzelnen, wie Sternenstaub, auch die Erinnerung an das große Ganze, an das Göttliche, aus dem er stammt. Sie kann ihm die große Vision aufzeigen, die sein ganzes Leben trägt und in ihrem Wirken weit über seine persönlichen Belange hinausgeht. Mit ihr verbinden sich Bescheidenheit und die Größe des Kosmos im eigenen Sein.

Die Kraft der Symbole

Seit alters arbeiten Heiler und Schamanen aller Traditionen mit Symbolen. Es sind Bilder oder Zeichen, die wie ein Stellvertreter für etwas anderes, Größeres stehen. Das äußere Bild vermittelt dabei einen Zugang zu etwas im Inneren. So ist beispielsweise das altägyptische Ankh ein Symbol für das Leben, es ist zugleich aber auch ein Schlüssel – und ein Hilfsmittel, das eigene Leben zu entschlüsseln. In meiner Arbeit ist mir wichtig, dass der Eigner eines Symbols die Bedeutung festlegt. So kann dieses Ankh für jemanden über die tradierte Bedeutung hinaus beispielsweise auch für eine Schöpfkelle stehen, mit der derjenige aus der Fülle seines Daseins schöpft. Das Symbol im Außen kann ihn im Alltag immer wieder daran erinnern.

Auch der Begründer der Homöopathie, Samuel Hahnemann, sprach von Lebenskraft. Er sagte, dass er mit einem homöopathischen Mittel nicht direkt die Magenschmerzen kuriert, sondern dem betroffenen Menschen mit genau diesem Mittel ein Stück Lebenskraft gibt. Das hilft ihm, sich wieder so auszugleichen und zu energetisieren, dass über die Selbstheilungsmechanismen des Körpers auch die Magenschmerzen verschwinden können.

»Nach Freiheit zu streben, das ist die einzige Triebkraft, die ich kenne. Die Freiheit, in die Unendlichkeit dort draußen davonzufliegen. Die Freiheit, sich aufzulösen und abzuheben. Wie eine Kerzenflamme zu sein, die, obwohl sie sich dem Licht von Millionen von Sternen gegenüber sieht, doch sie selbst bleibt, da sie niemals beansprucht, mehr zu sein als das, was sie ist, eine Kerze.«
Don Juan zu Carlos Castaneda

Licht und Dunkel – beides darf sein

Wenn ich die schamanische Reise zur Seelenerinnerung anleite, führe ich die Menschen – wie Sie noch genau sehen werden – in ein kosmisches Licht. Denn es geht darum, in der eigenen Individualität dennoch das große Ganze, das göttliche Licht zu leben, das letztlich die Quelle aller Individualität und all der vielen kleinen einzelnen Dinge, die uns umgeben, ist. Zu dieser Individualität gehören natürlich nicht nur die großen und schönen Seiten eines Menschen, sondern auch die Schwächen, die weniger angenehmen Eigenschaften, der Streit, gelegentliche Krisen und dergleichen mehr. Ein farbenprächtiges Kaleidoskop an Eigenschaften und Talenten macht jeden Menschen aus, alles darin darf und will akzeptiert werden – und alles zusammen ergibt das Individuum, das wiederum im großen Ganzen aufgehoben und Teil davon ist.

Um unseren Weg im ewigen Wandel des Lebens zu finden – ebenso wie sich die Wurzeln ihren Weg am Mauerwerk suchen –, müssen wir flexibel und in der Lage sein, uns auf Neues einzulassen.

Alles wandelt sich – und ist doch Teil des immer gleichen Ganzen

Meine langjährige Lehrerin Sandra Ingerman hält es für sinnvoll, bei der Verwendung von Begriffen wie »Seele« oder »Seelenverlust« viel Freiheit zuzulassen. Nur so kann sich jeder Mensch mit seinen persönlichen Erfahrungen und seinem individuellen Verständnis angesprochen fühlen.

Im alltäglichen Leben sind wir nicht immer gleich: Mal empfinden wir uns als groß und kraftvoll, tief bewusst und mit den höchsten Kräften des Lebens innig verbunden, um uns nur eine Woche oder einen Tag oder ein paar Minuten später hilflos, ängstlich, klein und ohnmächtig zu fühlen. Und auch dies geht wieder vorüber, dann fühlen wir uns wieder mächtig und in vollkommener Schönheit in unserem Leben stehend.

Es ist wunderbar und sehr erleichternd für die meisten Menschen, wenn sie begreifen, dass all dies sein darf. Es ist vollkommen in Ordnung, gesund und normal, wenn man sich selbst mal als ein verletztes oder schlecht gelauntes Individuum mit seinen so schwierig erscheinenden Problemen empfindet und sich kurz darauf als machtvolles, wohlig ins große Ganze eingebettetes Wesen wahrnimmt.

Die schamanische Arbeit der Seelenerinnerung lässt beides vollkommen gleichwertig nebeneinander stehen: Mit ihr können Sie Lösungen für die unterschiedlichsten Probleme genauso finden wie die Vision für Ihr eigenes Leben. Außerdem können Sie sich mit ihr im eigenen Menschsein und doch auf eine überpersönliche Weise als Visionärin oder Visionär empfinden. Die Seelenerinnerung gibt jedem die Möglichkeit, an dem zu wachsen, was für ihn gerade aktuell ist.

Seelenverlust

Wenn wir davon sprechen, dass wir eine Bewusstseinsreise unternehmen, um die Energie unserer Seele wiederzufinden, stellt sich natürlich die bange Frage: Ist meine Seele denn weg? Nein, weg ist sie keinesfalls, denn ohne Seele könnte niemand leben. Ein unbeseelter Körper wäre nur ein Häuflein Materie, die sich bald zersetzt hätte.
Dennoch fehlt den meisten Menschen ein mehr oder weniger großes Stück ihrer Seele. Es fehlt ihnen an Seelenkraft, an »vitaler Essenz«, wie Sandra Ingerman, die Autorin des bekannten Buches *Auf der Suche nach der verlorenen Seele,* die Seele auch bezeichnet.

In der Psychologie gelten Symptome wie chronische Müdigkeit, Abgeschlagenheit, lang anhaltende Traurigkeit, Apathie, Lebensunlust und das Gefühl, nicht so recht zu wissen, was man im Leben tun soll, als typisch für eine posttraumatische Belastung.

Traumata und jahrelange Konditionierung

Bei größeren dramatischen Ereignissen, etwa bei Schocks, Unfällen oder anderweitig traumatisierenden Vorfällen, kann Menschen Seelenenergie abhanden kommen. Der Seelenverlust ist dann ungefähr mit dem gleichzusetzen, was man in der Psychologie als posttraumatisches Belastungssyndrom bezeichnet.
Oftmals geht die Seele aber auch schrittweise durch das verloren, was man Erziehung und Konditionierung nennt. So ist ein Kind beispielsweise neugierig, es erkundet voller Freude die Welt, und das nicht nur mit den Augen und dem Verstand, sondern gern auch mit den Händen. Und dann heißt es schnell, dass es dies oder jenes nicht anfassen darf, dann wird mit ihm geschimpft, wenn es beispielsweise die Erde aus den Blumentöpfen ausräumt, um zu untersuchen, was sich dort noch alles verbirgt. Wenn sich dieses Kritisieren – mehr oder weniger aggressiv – häufig wiederholt, geht in dem Kind etwas kaputt. Die Eltern meckern, die Lehrer sind unzufrieden, alle stellen Forderungen und wollen das Kind berichtigen, verändern, es anders haben, als es aber nun einmal ist. Das Schimpfen an sich mag im Einzelfall gar nicht so schlimm erscheinen, doch die Wiederholung erzeugt ein Trauma.
Dieses unentwegte Kritisieren, Bevormunden und Herabsetzen wirkt wie emotionale und seelische Prügel. Das Kind verliert seine ureigene Lebensenergie – seine Neugier, den Mut, Fragen zu stellen, sein Vertrauen darin, dass es so, wie es ist, richtig und vollkommen ist. Es beginnt, sich selbst als fehlerhaft und schuldig anzusehen. Und das macht kraftlos.

Der Rückzug der Seelenkraft

Schamanen aller Kulturen beobachteten von jeher, dass sich die Seelenkraft unter bestimmten Umständen zurückzieht oder verloren geht. In bedrohlichen Situationen oder wenn wir uns machtlos, missbraucht oder über lange Zeiträume hinweg ungeliebt fühlen, scheinen Teile der Seele zu fliehen. Aus Angst vor der Vernichtung oder vor weiterem Schmerz bringen sie sich in anderen Welten in Sicherheit. Dann stehen sie für das irdische Leben des betreffenden Menschen aber nicht mehr zur Verfügung, und das kann weitreichende Folgen haben.

Viele Menschen, die traumatische Erfahrungen in psychologischen Therapien bearbeitet haben, werden den Eindruck nicht los, dass ihnen auf der seelischen oder energetischen Ebene noch immer etwas fehlt.

»Mir fehlt etwas«

Viele meiner Klienten berichten mir, dass sie sich einfach nicht aufraffen können, ihr Leben in die Hand zu nehmen und die notwendigen und ihnen sogar bewussten Änderungen vorzunehmen, damit das Leben wieder lebenswerter wird. Der Geist ist willig, aber das Fleisch ist schwach – sie würden gern, sie probieren es immer wieder ein bisschen, aber sie schaffen es nicht. Sie bräuchten einen »Tritt in den Hintern« – den können sie sich aber selbst nicht geben. Hinzu kommt dann schnell eine allgemeine Unlust, das Gefühl, das Leben irgendwie zu verpassen und nur so vor sich hinzudümpeln.

Viele Symptome weisen auf den Verlust der Seelenkraft hin. Insbesondere wenn sich jemand ständig müde und energielos fühlt, kann es sehr lohnend sein, in dieser Richtung zu suchen. Auch Menschen, die immer wieder anecken, die sich eigentlich liebenswert verhalten, aber immer wieder das Gefühl vermittelt bekommen, sie würden alles falsch machen, leiden vermutlich unter dem Verlust ihrer Seelenkraft. Auch wer ständig in Konflikte gerät, obwohl er sich eigentlich nur nach Frieden sehnt, kann darin ein Indiz für den Verlust der Seelenkraft sehen.

Vom Überleben zum Leben

Unsere Lebenskraft passt sich oft an schwierige Bedingungen an und kann damit nicht das volle Potenzial entwickeln. Sie dient dann hauptsächlich zum Überleben. Man wird beispielsweise zart und schüchtern, weil man in der Vergangenheit die Erfahrung gemacht hat, dass man so besser überleben kann, als wenn man stark und laut auftreten würde. Die Kraft der Seelenerinnerung fördert die Entfaltung aus schwierigen Umständen heraus, hin zum Ausschöpfen des eigenen Potenzials – dann lebt man nicht mehr auf Halbmast und in der Zwangsjacke, sondern frei und in der eigenen Kraft und Schönheit.

Die Seelenanteile zurückholen

Schamanen nutzen schon seit Jahrtausenden ihre eigenen Wege, solche Verluste zu heilen: Sie unternehmen Bewusstseinsreisen in eben jene anderen Welten, in die sich die Seelenanteile zurückgezogen haben. Dort nehmen sie mit dem Seelenteil Kontakt auf und bringen ihn wieder zurück ins Leben des betreffenden Menschen. Hat dieser Mensch seine Vitalessenz dann wieder, kann er wie verwandelt erscheinen: kraftvoll, freudig, strahlend.

Es ist insbesondere das Verdienst von Sandra Ingerman, die schamanische Technik der Seelenrückholung ins Bewusstsein und in die therapeutische Arbeit der modernen Zivilisation geholt zu haben. Sie hat ihre Form dieser Heilarbeit an eine große Zahl von schamanisch tätigen Therapeuten weitergegeben und einige Bücher dazu veröffentlicht. Seither konnten viele Menschen die unbeschreibliche Freude erleben, sich wieder als ganz und vollständig zu empfinden.

Eine wirkliche Seelenrückholung wird eigentlich nicht allein unternommen, da die dem Seelenverlust zugrunde liegenden Ereignisse oftmals mit einem großen Schock und Trauma verbunden sind. Wenn ein geübter schamanisch Praktizierender für den Betreffenden reist, ist darüber hinaus ausgeschlossen, dass die Erwartungen des Betroffenen den Verlauf der Reise bestimmen.

Ein besonders wichtiger Schritt für die persönliche Entwicklung ist es oft, sich frei von Vorstellungen zu machen. Vorstellungen, Strukturen, starre Ziele können auch ein Ausdruck von Angst sein.

Nach vorn im Leben

Die schamanische Seelenerinnerung ist mit der Seelenrückholung verwandt, unterscheidet sich aber zugleich stark von ihr. So geht es in allem, was in diesem Buch besprochen wird, auch darum, verlorene Teile der eigenen Lebenskraft wiederzufinden, sie zu erinnern. Allerdings ist die Seelenerinnerung unabhängig von einem Trauma: Sie lässt sich bei ver-

schiedenen Beschwerden gewinnbringend unternehmen, allerdings auch ebenso, wenn es einem Menschen rundum gut geht und er einen Blick auf das Potenzial werfen möchte, das noch auf Entfaltung wartet. Die Methode der Seelenerinnerung kann jeder für sich selbst verwenden, und sie ist auch in der therapeutischen Praxis einsetzbar.
Menschen, die ihre Seelenerinnerung haben, wissen, wie sie gedacht sind, sie wissen, wer sie sind. Menschen, die ihre Potenziale und Fähigkeiten ausleben, haben natürlich auch eine ganz andere Wirkung auf ihre Mitmenschen. Sie haben das, was man allgemein als Charisma bezeichnet, eine Ausstrahlung, für die sie eigentlich nichts tun, die auch nicht aufgesetzt oder gewollt ist. Sie ist einfach Teil ihres natürlichen »So-Seins«. Diese Menschen haben ein Strahlen, ein inneres Leuchten, sie gehen mit einem offenen Herzen durchs Leben, weil sie mit ihrer ureigenen Kraft verbunden sind.

Einer depressiven Klientin brachte ich bei einer Seelenrückholung die Energie von Farben und ein kleines Mädchen im Malerkittel mit. Überglücklich erzählte sie mir, wie wichtig ihr der gestalterische Ausdruck war, bevor sie ihn durch schwere Familienzerwürfnisse nicht mehr leben durfte. Die Energie der zurückgebrachten Seelenanteile schenkte ihr neue Kreativität und Lebendigkeit, den Impuls, sich aktiv künstlerisch zu betätigen.

Wann hilft die Seelenerinnerung?

Alltägliche Beschwerden

Die Reise zur Seelenerinnerung eignet sich für alltägliche Schwierigkeiten in allen Lebensbereichen, weil sie Sie wieder mit Ihrer ureigenen Kraft in Verbindung bringt.

Die therapeutische Sitzung

In meiner Praxis beginne ich nach einem Vorgespräch damit, für den Klienten oder mit ihm gemeinsam zu trommeln: Über die Schwingung der Rahmentrommel und die klare Absicht im Kopf und im Herzen werden die geistigen Helfer aus der nichtalltäglichen Wirklichkeit eingeladen, uns bei der Heilarbeit zu führen. Ich verbrenne etwas Räucherwerk, der Klient legt sich entspannt hin. Und nun trommle und singe ich für ihn und begleite ihn so auf seine schamanische Reise – dorthin, wo das für ihn bereitsteht, was er jetzt auf seinem Weg zur Heilung braucht. Die Einzelheiten dieser therapeutischen Arbeit werden Sie in den folgenden Kapiteln noch genauer kennenlernen.

- Sie vermissen Lebensfreude und Schwung?
- Sie quälen sich in einer Beziehung?
- Sie haben Schwierigkeiten im Job?
- Bei gesundheitlichen Beschwerden hilft die Seelenerinnerung Ihnen, Ihre Selbstheilungskräfte zu aktivieren, Optimismus zu entwickeln und den Sinn hinter der Krankheit zu verstehen.

Wenn die persönliche Seelenkraft wächst, werden die Bedenken weniger.

Die nächsten Schritte in ein sinnerfülltes Leben

Die Seelenerinnerung dient auch dazu, die nötigen Schritte auf dem eigenen Entwicklungsweg zu erkennen.

- Sie wollen wissen, wie es in Ihrem Leben zum jetzigen Zeitpunkt am besten weitergehen sollte?
- Sie wollen aus einem alten Muster aussteigen, Sie wollen etwa nicht mehr immer nur der Sündenbock sein, endlich mit Geld umgehen können oder die eigene Meinung vertreten lernen?
- Sie brauchen Kraft und Orientierung, um eine Lebensphase abzuschließen?
- Sie wollen etwas Neues beginnen und brauchen dafür die nötige Kraft und einen verlässlichen Wegweiser?

Eine Vision finden

Den tieferen Sinn hinter allem zu finden, das ist eines der großen Themen im Leben. Die Seelenerinnerung hilft Ihnen, Fragen wie die folgenden zu klären:

- Was ist der Sinn meiner aktuellen Lebenssituation?
- Wo liegen meine wahren Talente? Was möchte ich in diesem Leben erreichen?
- Welche Energie, welche Fähigkeit sollte ich in mein aktuelles Projekt stecken, damit es sich in der allerbesten Weise und erfolgreich entfalten kann?
- Wozu bin ich hier? Was ist der Sinn meines Lebens?

Für all die oben genannten Themen bietet die Seelenerinnerung Orientierung, Kraft und Hilfe.

Wie wichtig ist diese Arbeit heute?

Wir leben in einer Zeit, in der wir alle ungeheuer viel wissen. Wir haben sehr viel verstanden, wir sind gebildet, weit gereist, wir haben sehr viel gelesen. Wir wissen nicht nur über Computer Bescheid, sondern auch über verschiedene esoterische Traditionen und Methoden. Wir haben eine Menge im Kopf und sicher auch einiges an Erfahrung. Wir wissen, dass es gravierende Umweltprobleme gibt und dass auf dieser Erde vieles in Veränderung begriffen ist.

Wer etwas genauer hinsieht und hinspürt, bemerkt, dass sich ein großer Wandel abzeichnet, wie ihn nicht zuletzt auch viele alte Traditionen für den Wechsel ins dritte Jahrtausend angekündigt haben. Soziale Probleme eskalieren, Naturkatastrophen häufen sich in einem bislang unbekannten Ausmaß, die Vernetzung der Menschen, Länder und Kontinente nimmt drastisch zu – wir spüren, dass wir auf einen Punkt zurasen, an dem es eine große Veränderung geben muss, an dem sich vielleicht sogar entscheidet, ob es auf dieser Erde weiterhin Leben in einer uns annähernd bekannten Form geben wird.

Im Paradies zu leben hätte einen großen Nachteil: Dort würden wir uns nicht weiterentwickeln.

Mensch und Erde im Wandel

Wir Menschen wissen, dass sich etwas zutiefst wandelt, und wir wissen auch, dass wir dabei gefragt sind. Wenn wir in einem klaren Bewusstsein der Ganzheitlichkeit und des Zusammenhängens aller Dinge auf der Erde leben, können wir auch sinnvoll und kraftvoll handeln. In vielen alten Traditionen weiß man, dass jede Veränderung des Äußeren in einer Veränderung des eigenen Inneren beginnen muss. Nur wer sich selbst kennenlernt, sich wandelt, in sich aufräumt und in sich die wahre Lebenskraft findet, kann auch außen etwas Wirksames ins Leben rufen. Ihm ist es dann möglich, einen gesunden äußeren Wandel – in der Gesellschaft genauso wie auf der Erde im Ganzen – mitzutragen. Sein Wirken ist dann kraftvoll, ob er sich im sozialen Bereich engagiert, sich für nachhaltige und faire Wirtschaftsweisen oder ökologische Projekte einsetzt oder ob er sich ganz seiner energetischen und spirituellen Arbeit widmet, die dem Wohle aller Wesen dient. In welchem Bereich ein Mensch dann aktiv wird, ist gar nicht mehr so wichtig. Entscheidend ist die innere Einstellung, die grundlegende Kraft, die ihn trägt.

Ein balinesischer Tanz zeigt das Fabelwesen Barong im Kampf gegen die Hexe Rangda, das Gute gegen das Böse. Dieser Kampf endet, wenn beide Kräfte ausgeglichen sind. Das Böse kann und muss nicht besiegt werden, es darf nur nicht überhand nehmen.

Die Seelenkraft weist die Richtung

Genau für diese Orientierung ist die Seelenerinnerung ungemein wertvoll. Wenn ein Mensch zur Essenz seines Seins, zur Qualität seines ureigenen Wesens vordringt, wenn er diese Kraft in sich spüren, in sich zum Leben erwecken kann, dann kann er auch im Außen all das entfalten, was im besten Sinne zu seinem Leben gehört. Ein solcher Mensch wird ganz natürlich auf das Wohl des Ganzen achten, denn er hat erfahren, dass er Teil des ganzen Kosmos ist und als solcher nur überleben kann, wenn es dem Ganzen gut geht. Er handelt nicht mehr aus den kleinen Verletzungen heraus, aus den Bedürftigkeiten einer hungernden Seele, sondern aus der Fülle seiner Kraft und seines göttlichen Seins. Eine Erde, die von vielen solchen Menschen geprägt ist, wird natürlich ein anderes Gesicht haben als eine, die von gierigen, machthungrigen und aus ihren Ängsten heraus aggressiven Menschen gestaltet wird.

Himmel und Erde verbinden

Schon Goethe wusste, dass jeder Mensch Himmel und Hölle in sich hat.

In vielen Kulturen, so auch in den schamanischen, gilt der Mensch als Mittler zwischen Himmel und Erde. Er ist der Baum, der seine Wurzeln tief nach unten in die Erde hineingräbt und seine Äste und seine Krone weit nach oben in den Himmel hinausstreckt. Ein solcher Mensch trägt das tiefe Vertrauen in sich, dass die Erde ihn trägt und nährt. Das gibt ihm Kraft und Stabilität im Leben. Er macht sich keine Sorgen, dass seine natürlichen Bedürfnisse unerfüllt bleiben könnten, er wird auch nicht versuchen, sich auf Kosten anderer zu bereichern. Für ihn ist es selbstverständlich, einen tief verbundenen und dankbaren Umgang mit der Erde, mit der Natur und den Tieren zu pflegen.

Ein Mensch als Mittler zwischen Himmel und Erde spürt nach oben hin die Weite des Himmels und fühlt sich eingeladen zu wachsen. Der Himmel steht auch für das Geistige; er schenkt ihm Ideen, Eingebungen und

Visionen. Auf diese Weise inspiriert, kann der Mensch dann auf der Erde folgerichtig und sinnvoll handeln. Er läuft also nicht Gefahr, »abzuheben« und zum esoterischen Überflieger zu werden. Er steht mit beiden Beinen fest auf dem Boden, empfängt sein Wissen aus dem Geistigen und bringt es auf der Erde ein.
Wenn wir Menschen in dieser Weise da sind, gibt es nach der schamanischen Sichtweise eigentlich keinen Anlass für Naturkatastrophen. Himmel und Erde müssen miteinander verbunden sein; fällt der Mensch bei der Vermittlung zwischen beiden aus, müssen die natürlichen Kräfte für ihn einspringen: Erdbeben, Flutkatastrophen mit meterhohen Wellen oder extreme Stürme könnten ein Ausdruck dafür sein.

Wir neigen zu Bewertungen und Vergleichen – und vergessen dabei, dass jede und jeder eine einzigartige und einmalige Persönlichkeit ist.

Nicht, was wir tun, verändert die Welt, sondern wer wir sind

Es so zu betrachten, nimmt den zunehmenden Naturkatastrophen ihren Schrecken. Es erinnert uns vielmehr daran, dass wir es versäumt haben, eine ganz wesentliche Aufgabe auf diesem Planeten zu übernehmen. Was in der Natur geschieht, sind letztlich Versuche der Erde, wieder mit der geistigen, himmlischen Kraft in Verbindung zu kommen. Es sind Mechanismen, die das Materielle und das Geistige zu verbinden suchen, da wir als Menschheit dies seit Langem nicht mehr tun. Letztlich ist es pure Schöpferkraft; denn wo etwas weggespült wird, ist wieder Raum für

Unsere Seelenkraft begleitet uns und weist uns die Richtung auf unserem Lebensweg. Wir müssen nur lernen, sie wahrzunehmen.

etwas Neues. Wo ein Sturm etwas zerstört, ein Erdbeben eine Gegend verwüstet, ist – ganz unemotional betrachtet – etwas Altes gegangen und hat Raum für etwas Neues hinterlassen, das nun entstehen kann.

Zum Baum werden

Vor allem aber steckt in dieser Idee eine ganz einfache Lösung: Jeder Mensch kann sich auf seine ureigene Aufgabe besinnen, wie ein Baum zwischen Himmel und Erde zu stehen. Er kann seine Wurzeln tief in die Erde strecken, kann sich in großer Dankbarkeit dieser mütterlichen Kraft unseres Planeten zuwenden, und sich auf der anderen Seite in seiner wahren Kraft und Schönheit nach oben zum Himmel, zum Väterlichen, zum Geistigen hinwenden. In dieser Stabilität von Oben und Unten, von Himmel und Erde ist wahres Wachstum, wahre Entfaltung, wahres Menschsein möglich. Speziell die Schamanen der verschiedenen Kulturen bezeichnen sich als Brückenbauer zwischen den Welten. Und in gewisser Weise kann dies jeder Mensch sein. Die Arbeit der Seelenerinnerung kann ein ganz wesentliches Stück dabei helfen.

»Dinge, die man als Kind geliebt hat, bleiben im Besitz des Herzens bis ins hohe Alter. Und das Schönste am Leben ist, dass unsere Seelen nicht aufhören, an jenem Ort zu verweilen, wo wir einmal glücklich waren.«
Khalil Gibran

Die Tradition der Schamanen

Schamanen sind Seher und Priester, Heiler, Lehrer, Seelsorger, Dichter und Geschichtenerzähler in einem. Sie sind Meister im Umgang mit den Energien, sie verstehen es, innere und äußere Kräfte bewusst und willentlich zu nutzen. Traditionell wird man als Schamane geboren, oder das Wissen und die Kraft werden innerhalb der Familie weitergegeben; dennoch haben alle Schamanen einen tiefgehenden Initiationsprozess erfahren. Auch die Menschen, die in unserer Kultur heute schamanisch arbeiten, erlebten solche Prozesse. Sie nennen sich jedoch eher schamanisch Praktizierende.

Im Sinne der kosmischen Ordnung

Im Zentrum meiner Arbeit und der schamanischen Arbeit überhaupt steht ein ganz wesentlicher Begriff: die »kosmische Ordnung«. Es geht darum, dass das geschieht, was in der kosmischen Ordnung, dem großen Plan, wenn man so will, festgeschrieben steht. Ein Mensch kann meist gar nicht wissen, was in seiner aktuellen Lebensphase gerade wirklich wichtig ist. Wenn wir nur aus unseren persönlichen Wünschen heraus agieren, schränken wir uns sogar ein. Deshalb wendet man sich bei der schamanischen Arbeit Wesen oder Energien zu, die einen viel weiteren Blickwinkel haben: Diese Helfer aus der geistigen Welt wissen Bescheid, die Seele als Teil des Göttlichen weiß Bescheid, sie weiß, wohin unser Weg führt. Wenn wir uns ihnen zuwenden, können sie uns helfen, den optimalen Lebensweg zu finden. Sie verhelfen uns auch dazu, unsere eigene innerste Kraft zu entdecken, mit der wir diesen persönlichen Weg gehen können. Und dann werden wir vielleicht merken, dass unsere Wünsche gar nicht unsere tiefsten Wünsche sind, dass es uns gar nicht vordergründig um das schicke Auto, den tollen Posten oder den attraktiven Partner geht. Denn dann bitten wir die Krafttiere, die Elemente, die Kräfte der Natur, uns bei der Erinnerung an das behilflich zu sein, was uns als individuelle Persönlichkeit zu dieser Zeit und in dieser Gestalt auf die Erde geführt hat und in dieser Lebensphase richtig und wichtig ist.

Eine Klientin sprach über sich in sehr wertschätzender Weise, dass sie intelligent und klug geworden ist, eben weil sie sich als Kind meist schüchtern zurückgezogen hatte und sich daher viel mit sich selbst und ihren Büchern beschäftigte.

Konditionierungen erkennen

Um für ein kraftvolles Sein auf der Erde frei zu werden, muss man sich oft erst von alten Dingen verabschieden, die nichts mit der eigenen Wahrheit zu tun haben. Die Seelenerinnerung kann dabei enorm helfen: Indem Sie nämlich erfahren, wie Sie auf der seelischen Ebene als Mensch in diesem Leben gedacht sind, erspüren Sie Ihr wirkliches Sein. Dann können Sie sich auch von all dem lösen, was Sie zwar in der Vergangenheit ausgemacht hat, was aber nicht wirklich zu Ihnen gehört, sondern Ihnen nur anerzogen oder zugeschrieben wurde. Dann waren Sie vielleicht immer ein etwas griesgrämiger Mensch, stellen nun aber fest, dass Sie in Ihrem Wesen sehr freudig, offen und freundlich sind. Das Griesgrämige war eher etwas, was Ihre Mutter oder wer auch immer Ihnen vorgelebt hat und was Sie übernommen hatten. Nun können Sie es loslassen, es gehört nicht mehr zu Ihnen.

All diese Grundsätze, nach denen *man* etwas macht, können mit der Seelenerinnerung Stück für Stück losgelassen werden. Sie haben jetzt einfach ein Gefühl dafür, wer Sie wirklich sind bzw. sein könnten. Auf diese

Vielleicht wollen Sie nicht mehr so mufflig durch die Gegend gehen und stattdessen die Menschen offen und freundlich anschauen. Sie nehmen sich das vor, und am nächsten Tag gehen Sie natürlich wieder mufflig durch die Straßen. Aber vielleicht lächeln Sie am Ende der Woche schon häufiger und merken, dass es einfach guttut und Ihrem Wesen viel mehr entspricht.

Weise können Sie sich von falschen Rollenbildern und Zuschreibungen lösen. Indem Sie bemerkt haben, dass sie Sie nicht mehr betreffen, können Sie Ihre Persönlichkeit freiheitlich leben.

Plötzlich ist das Ungeliebte etwas Gutes

Zugleich ist es möglich, in negativen Zuschreibungen das Positive zu entdecken. Vielleicht wurde Ihnen als Kind immer vorgeworfen, dass Sie zu neugierig seien – und jetzt entdecken Sie, wie schön es ist, sich mit offenem Herzen und offenem Geist für alles Neue, alles Unbekannte zu interessieren, stets lernbereit und wissbegierig zu sein, um so das eigene Erfahrungsumfeld immer mehr zu erweitern. Dann können Sie jetzt Ihre große Offenheit leben und brauchen sich nicht mehr verschließen. Sie wissen jetzt, dass Neugier etwas Wunderbares ist.
Wenn Sie so an alles herangehen, was Sie an sich nicht mögen oder was andere an Ihnen nicht schätzen, werden Sie erstaunliche Entdeckungen machen. In allem steckt ein Potenzial, ein Versuch, aus dem Leben das Beste zu machen und auch schwierige Situationen zu meistern. So entdecken Sie ein ganzes Kaleidoskop an wertvollen Eigenschaften in sich. Eigenschaften, die vielleicht lange unterdrückt waren und die nun gelebt werden wollen und können.

Ihr Innerstes birgt ein ungeheures Potenzial, einen wahren Schatz an wertvollen Eigenschaften, den es auf einer schamanischen Reise zur Seele zu entdecken gilt.

Seien Sie geduldig

Es kann unterschiedlich lange dauern, bis man alte Muster und ungünstige Gewohnheiten losgelassen hat. Deshalb ist es äußerst hilfreich, sich geduldig zuzugestehen, dass man eine Zeitlang brauchen wird, bis man gänzlich ohne das Alte leben kann. Zeit ist für Veränderungen eine wesentliche Voraussetzung. Es dauerte ja beispielsweise auch eine Zeit lang, bis Sie all die Vorgänge, die beim Autofahren notwendig sind, so verinnerlicht hatten, dass sie nun ohne bewusstes Nachdenken ablaufen können. Und so haben Sie eine Weile gebraucht, sich Verhaltensweisen anzugewöhnen, die Ihnen heute schaden und die Sie loswerden wollen. Sie durch gesündere Verhaltensweisen zu ersetzen, braucht eben wieder eine Zeit. Mit Geduld und ein wenig Beharrlichkeit ist es jedoch absolut im Bereich des Möglichen, sich zu verändern, zu verwandeln – und irgendwann wie ein Baum bewusst Himmel und Erde zu verbinden.

Wenn die persönliche Seelenkraft wächst, werden die Bedenken weniger.

Sinnerfüllt heißt immer auch freudig

Heute sind sehr viele Menschen orientierungslos. Aus meiner Praxis heraus habe ich den Eindruck, dass Orientierungslosigkeit geradezu ein Konzept geworden ist. Die meisten Menschen kommen mit dem alltäglichen Leben irgendwie zurecht, aber sie sehen keinen höheren Sinn. Sie kennen keine tiefere Bestimmung und nichts, wofür es sich letztlich wirklich zu leben lohnt. Ihnen helfe ich, wieder in ein größeres Vertrauen hineinzuwachsen, in das Wissen darum, dass es von weiter oben, von jenseits der Krone eines gesunden Baumes aus einen Sinn hinter allem Geschehen zu entdecken gibt. Dann erkennt man, dass es eine Entwicklung gibt, ein Weiterstreben alles Lebendigen. Das schließt immer auch die Möglichkeit ein, zerstörerische Kräfte in etwas Lebensdienliches zu verwandeln, in sich selbst und im großen Ganzen.

Ich versuche in ihnen auch das Vertrauen zu wecken, dass man in jedem Moment aus seinem eigenen unermesslich weiten Inneren schöpfen kann. In diesem Vertrauen wissen wir um die größeren Kräfte, die alles Lebendige liebevoll leiten. Diese Kräfte helfen uns, Antworten auf unsere Fragen zu finden – ob sie nun alltäglich oder weltumspannend, von persönlicher oder gesellschaftlicher Relevanz sind. Wir fühlen uns eingebettet in ein gesundes Größeres.

Vertrauen in den Sinn des großen Ganzen – das ist eine der stärksten Heilkräfte überhaupt.

Heilung heißt Ganzwerdung

»Genesung«, »Gesundwerdung«, »Heilung« – es gibt viele Möglichkeiten, diese Begriffe zu verstehen. In der modernen Medizin geht man beispielsweise davon aus, dass ein gesunder Mensch lediglich frei von Schmerzen und Symptomen ist. In traditionellen und spirituellen Heilsystemen bezieht man da sehr viel mehr mit ein.

Heilung ist gewissermaßen ein Zustand, der nie wirklich in voller Konsequenz eintreten kann, da wir als Menschen ununterbrochen einer Wandlung unterzogen sind. So sehe ich Heilen und Heilwerden immer als einen Prozess.

Vier Ebenen

Heilung, so wie ich persönlich sie verstehe, erfolgt immer auf vier Ebenen. Da ist zunächst die körperliche Ebene, auf der eventuelle Symptome verschwinden. Es gibt die mentale Ebene, auf der sich eine neue Einsicht, eine neue Art einstellt, über das mit der Beschwerde zusammenhängende Thema zu denken. Auf der emotionalen Ebene lösen sich alte Gefühlsmuster, und es tauchen neue, gewissermaßen geklärte Gefühle auf. Viertens gehört die spirituelle Ebene zum Gesundwerden: Nur wenn die Wandlung im Einklang mit dem großen Ganzen, mit der kosmischen Ordnung ist, kann wirklich von Heilung gesprochen werden. Eine solche Vorstellung setzt eine Haltung der Offenheit voraus. Ich stelle in meiner Arbeit auf allen Ebenen den Raum zur Verfügung, in dem sich Wandlung und Heilung vollziehen kann – im Sinne der kosmischen Ordnung.

Die Seelenerinnerung umfasst alle vier Ebenen

Im Zentrum dieser Heilarbeit steht eine Bewusstseinsreise, weshalb die Seelenerinnerung auf der mentalen Ebene greift. Sie löst tiefe Gefühle aus und wandelt somit auf der emotionalen Ebene. All das geschieht im Vertrauen auf die geistigen Kräfte – die spirituelle Dimension zeigt sich darin, dass man sich diesem Höheren übergibt. Zum vierten, zunächst nicht ganz so offensichtlich, wird auch der Körper in die schamanische Arbeit immer mit einbezogen. Denn er ist es, der all unsere Erfahrungen speichert und somit auch Veränderungen auf den anderen Ebenen mit verarbeiten und umsetzen muss, damit sie wirksam werden können.

Der Körper – das Haus, in dem die Seele wohnt

Trauma und Körper

Auch Operationen und Unfälle speichert der Körper, was wiederum zu Erkrankungen führen kann.

Beim Begriff des »Traumas« halte ich mich gern an Peter Levine: Er definiert Trauma stärker vom Physiologischen als vom Psychischen her. Er sagt, dass ein Trauma dann entsteht, wenn unser Körper auf ein unangenehmes und ihn erschreckendes Ereignis nicht richtig reagieren kann. Das Trauma ist in diesem Sinne die Reaktion des Körpers.
Tiere beispielsweise können angemessen auf Schock und Erregungszustände reagieren: Wenn ein Hase gejagt wird, steht er in dieser Zeit unter großer Anspannung, er ist in Hypermotorik. Wenn die Jagd missglückt, der Adler oder Fuchs sich wieder verzogen hat, dann geschieht im Körper des Hasen ein Entladungszittern, er schüttelt sozusagen die ganze Anspannung ab und ist dann wieder frei, ganz normal weiterzugehen. Wenn Tiere von einer Erfahrung wie einer Jagd traumatisiert würden, wären sie schlichtweg nicht überlebensfähig.

Wir haben es verlernt

Auch wir Menschen haben eigentlich diese Möglichkeit – und manchmal erleben wir dieses kurze Zittern oder Schütteln nach einer unangenehmen Erfahrung, die uns danach nicht mehr weiter belastet. Zu weiten Teilen aber haben wir diesen Mechanismus verlernt. Wir haben in der Kindheit, in der unserer empfindsamen Seele relativ häufig Schocks widerfuhren, erlebt, dass wir keine Chance haben, uns zu wehren oder unsere eigene tief empfundene Wahrheit zu vertreten. So wurde auch irgendwann der gesunde Reflex lahmgelegt, mit solchen Situationen umzugehen.

Dem Körper seine Chance geben

Oftmals versucht unser Körper, in schwierigen Situationen in eine geeignete Bewegung zu gehen – aber wir erstarren mittendrin. Wir wollen uns wegdrehen, mittendrin aber stockt die Bewegung, es geht nicht weiter. Wir wollen weglaufen, erstarren aber in diesem Reflex. In der Arbeit von Peter Levine geht es u. a. darum, dem Körper im Nachhinein die Möglichkeit zu geben, diese Bewegungen bis zum Ende auszuführen. Damit kommt es zu einer Entladung der Spannung – die Entspannung kann einsetzen.

Der Körper als Speicher

Wir speichern die schlechten Erfahrungen in unserem Körper, und von dort aus wirken sie dann weiter. Sie machen uns unter Umständen das Leben schwer. Das ist das eigentliche Trauma. Zudem kann sehr leicht eine Retraumatisierung erfolgen: Wir geraten bei entsprechenden Auslösern wieder in diesen Schockzustand und in diese Lähmung hinein. Das kann im alltäglichen Leben passieren und leider manchmal auch in therapeutischen Situationen.

Auch körperliche Symptome können aus einer emotionalen Erschöpfung heraus entstehen.

Körperarbeit im Schamanischen

Auch bei den schamanischen Reisen, wie ich sie lehre und anleite, spielen körperliche Belange – etwa Atmen und bewusstes Spüren – eine große Rolle. Das Schwierige kommt von allein; ich leite die Menschen nicht an, sich bewusst den Spannungen und Problemen auf der Reise zuzuwenden. Vielmehr sorge ich dafür, dass sie sich entspannen, dass sie tief hineinatmen in das, was geschieht, dass sie es bewusst erleben und in ihrem Körper erfahren. Und dann können sich auch die spannungsvollen Zustände auflösen, sie werden erträglich, können angeschaut und verabschiedet werden. Für den körperlichen Aspekt sind bei dem, was ich Ihnen in diesem Buch vorstelle, vor allem der Knochentanz (siehe S. 62) und die Integration (siehe S. 77ff.) wesentlich. Ersterer hilft Ihnen sehr effektiv, Altes loszulassen und Raum für Neues zu schaffen. Letztere verankert die zurückgebrachte Seelenenergie in jeder Zelle Ihres Körpers, damit sie kraftvoll in Ihrem Leben wirken kann.

Die mentale und die emotionale Ebene

Disziplíniertheit, Unsicherheit, Schüchternheit – all unsere Eigenschaften haben zwei Seiten, eine unangenehme und genauso eine angenehme, etwas Störendes und ein Potenzial. Beide gehören zusammen – wie die beiden Seiten einer Medaille.

Die Seelenerinnerung bewirkt tief greifende Veränderungen im Denken und Fühlen. Tatsachen – zumal wenn sie in der Vergangenheit liegen – kann die Seelenerinnerung nicht verändern. Wohl aber die Art, wie wir über diese Erlebnisse und Fakten denken, wie wir sie einschätzen und wie klar unsere Gefühle dazu sind. Und das wiederum beeinflusst unser weiteres Leben in entscheidendem Maße.

Emotionale Erschöpfung

Sich immer wiederholende kleine Ereignisse wie Ärger und Familienkrach können eine solche Erschöpfung auf emotionaler Ebene hervorrufen, aber natürlich auch größere einschneidende Erlebnisse wie der Tod eines Angehörigen, Trennung, eine Operation, ein Unfall oder der Verlust des Arbeitsplatzes. Eines davon allein verkraftet die Seele unter Umständen; kommt aber vieles zusammen, kann das zu schweren Erschöpfungszuständen, Burnout oder chronischer Müdigkeit führen.

Das Wertvolle in allem entdecken

Selbst in dem, was schiefgegangen sein mag, steckt fast immer auch etwas Positives: Wenn die Eltern beispielsweise sehr streng waren, hat man

Zieht ein Gewitter herauf, oder bahnt sich der blaue Himmel seinen Weg durch die Wolken? Ob Sie positiv oder negativ auf Ihr Leben blicken, liegt allein in Ihrer Hand.

gelernt, diszipliniert seine Ziele zu verfolgen. Wenn man als Kind vor einem stark autoritären Elternteil Angst hatte, liegt darin auch die wertvolle Fähigkeit begründet, dass man als Erwachsener in der Lage ist, sich sehr schnell auf die Stimmungen anderer einzustellen und zu spüren, was in der Luft liegt. Wenn jemand als Kind meist sich selbst überlassen wurde, dann hat dieser Mensch vielleicht gelernt, eine große Eigenständigkeit zu entwickeln. Vielleicht hat er auch gelernt, sich in innere Welten zurückzuziehen, dort Kreativität zu entwickeln und sich stark auf die eigene Wahrheit einzulassen. Dieser Mensch wird dann mit einem großen Vertrauen in sich selbst seinen Lebensweg gehen können – wenn er einmal die Trauer darüber durchlebt und überwunden hat, dass die Eltern kaum für ihn da waren.

Alle Widerstände, denen wir in unserem Leben begegnen, bieten immer auch die Gelegenheit, an ihnen zu wachsen und besonders wertvolle und kraftvolle Fähigkeiten zu entwickeln. Denn Leben heißt lernen – Leben heißt, zu wachsen und gefühlvoll sowie im wahrsten Sinne des Wortes lebendig zu sein.

Entwicklungspsychologisch hat die Angst uns das Weiterleben garantiert: Durch sie haben wir gelernt, auf die Bäume zu klettern, wenn der Bär hinter uns her war.

Nehmen Sie das Positive wahr

Schauen Sie sich frühere Situationen oder auch persönliche Eigenschaften, die Sie nicht mögen, ruhig genauer an. Sie werden darin häufig etwas erkennen, was eigentlich ein sehr wertvolles Instrument ist: Angst etwa ist immer auch ein Schutz. Und es ist doch wunderbar, dass wir uns selbst schützen. Wir müssen unser Denken ganz klar darauf richten, dass Angst notwendig ist, beispielsweise wenn man als Frau nachts allein mit der U-Bahn fährt. Angst sagt dann: »Sei achtsam, sei vorsichtig, hier kann etwas Ungutes passieren.« Auch Anpassung kann ein Schutz sein, um in einer vielleicht feindlichen Umgebung zu überleben. Das ist sehr wertvoll, denn erst wenn das Überleben und die eigene Unversehrtheit gesichert sind, kann man in der Entwicklung weitergehen.

Eine solche Veränderung des Blickwinkels eröffnet einen völlig neuen, ausgesprochen positiven Zugang zum eigenen Leben und zu den eigenen Potenzialen. Dann wird es möglich, uns immer auf das zu konzentrieren, was uns aus den verschiedenen Situationen an Gutem erwachsen ist. Dann konzentrieren wir uns auf die Kräfte, die wir selbst entwickeln konnten und mussten, weil uns das Leben vor bestimmte Schwierigkeiten gestellt hat.

Nicht verdrängen! Anschauen – und verabschieden

Ich betone gern, dass die Seelenerinnerung ins Positive und nach vorn zielt. Mir geht es aber nicht darum, Ihnen nahezulegen, dass Sie Ihre Schwierigkeiten vergessen, verdrängen oder unterdrücken sollen. Ich weiß, dass es einige Richtungen des positiven Denkens gibt, die so an das Leben herangehen. Das halte ich für bedenklich. Mir geht es vielmehr darum, Sie zu ermutigen, sich die dunklen Seiten durchaus anzuschauen, auch die Gefühle der Trauer und Wut beispielsweise zuzulassen und wirklich zu spüren. Danach können Sie sich jedoch aufmachen, die Geschenke, die in jeder Krise und jeder Schwierigkeit verborgen sind, zu erkunden. Das kann große Freude machen, denn es gibt Ihnen ein starkes Gefühl für das Gute auf Ihrem Lebensweg. Ein Gespür für die Kräfte im menschlichen Wesen, das so anpassungsfähig, so kreativ, so vielfältig und so erfindungsreich ist. Eigentlich alles, was uns begegnet, kann eine Hilfe für unseren weiteren Weg und die Entfaltung unserer Potenziale sein. Auch als Menschen sind wir Teil der Natur, und jede Pflanze, jedes Tier zeigt uns, dass alles Lebendige immer das Beste aus den jeweiligen Umständen macht.

Die Natur zeigt uns, dass alles in Zyklen abläuft, genau wie unser Leben. Es gibt Sommer und Winter, Sonne und Regen, genauso wie es gute und eben auch weniger gute Tage gibt.

Annehmen – und nach vorn schauen

Mit einer solchen Sichtweise können Sie beginnen, sanfter und liebevoller mit sich selbst umzugehen. Denn es hilft überhaupt nicht, sich selbst anzuprangern, sich die Schuld für irgendetwas zuzuschieben, sich klein zu machen. Natürlich gibt es im Leben eines jeden Menschen Situationen, in denen er sich auf die denkbar ungünstigste Weise verhalten hat, in denen er klein und schwach war. Doch jeder verhält sich in jeder Situation eben genauso, wie er sich in dieser Situation verhalten kann. Und so kann man sich selbst mit diesem Kleinsein, mit dieser Schwäche oder diesem falschen Reagieren in einer Situation annehmen, sich damit umarmen, sich zugestehen, dass nicht immer alles so läuft, wie man es sich gewünscht hat.

Das verändert auch den Blick auf sich selbst. Denn mit einer solchen Sichtweise können Sie lernen, sich selbst mit all den schönen und geliebten Seiten und genauso mit all den mürrischen und weniger geliebten Seiten anzunehmen. In einer solchen Akzeptanz des eigenen Wesens lernen Sie sich als ein menschliches Individuum sehr gut kennen. Sie entwickeln immer größere Freude daran, Ihre ganz individuellen Potenziale auf Ihre individuelle Weise auszuleben und sich entfalten zu lassen. Sie beginnen, Ihre Seelenerinnerung zu leben – Tag für Tag.

Die spirituelle Ebene

Die Kraft spüren – Kern des schamanischen Heilens

Schamanische Arbeit ist immer die Arbeit mit der Kraft, was sich viel leichter erspüren und erfahren als theoretisch beschreiben lässt. Dieses Wirken mit dem geistigen Raum und den geistigen Helfern, diesen Energien aus der nichtalltäglichen Wirklichkeit, das ist es, was im Schamanischen wirklich heilt und das ganze Leben verändern kann. Indem sich ein Mensch in dieses Energiefeld begibt, geht er gewissermaßen vom Kopf in den Bauch. Das bedeutet nicht, dass der Kopf und das Denken nicht wertgeschätzt würden – sie sind wichtig, man geht aber weit darüber hinaus. Und auch weit darüber, was die ganz unmittelbaren Gefühle des Wollens und Nicht-Wollens angeht. Mit der schamanischen Arbeit begeben wir uns in die Bereiche, die das »höhere« Wollen und Wünschen unserer Seele und damit unseres ganzen Lebendigseins betreffen.

Castaneda schreibt, dass Don Juan immer wieder über das Sammeln der Kraft spricht, um zum rechten Zeitpunkt das Rechte zu tun.

Mehr als Psychologie

Die Kraft aus der Welt unserer geistigen Helfer kann auf ganz unterschiedliche Weise wirken. Der eine empfindet plötzlich sehr tiefe Gefühle; der andere bekommt eine Art Geistesblitz, versteht plötzlich etwas auf eine ganz neue und viel umfassendere Weise. Es kann aber auch sein, dass sich für den schamanisch Reisenden bewusst wahrnehmbar gar nichts tut – und dennoch ist die Kraft eingeladen, sie ist da und wirksam.

Auch in der psychologischen Arbeit werden Gefühle frei und wahrnehmbar, es tun sich zudem Einsichten auf der Gedankenebene auf. Über dies alles geht das schamanische Arbeiten aber weit hinaus: Es ist wie ein Zurückgreifen auf das Energiefeld der geistigen Welt. Dieses Feld ist für die Menschen, die sich mutig und offen darauf einlassen können, real spürbar, es ist erfahrbar und überdies hilfreich. Was sie dafür fallen ließen, ist die Idee, dass sie selbst alles steuern, alles in der Hand haben, dass sie selbst bestimmen, wo es lang geht und was im Leben zu geschehen hat. Vielmehr heißt es im schamanischen Weltbild: Alles, was ist, ist beseelt und lebendig, alles ist in Bewegung, alles bewegt den Menschen.

In allerbester Ordnung

Mithilfe des Schamanischen lernen wir auf eine sehr tiefe Weise auch die Ordnung der Welt und unseren Platz darin erkennen. Wir erfahren beispielsweise durch die Seelenerinnerung sehr stark unsere eigene Schöpferkraft, unsere Fähigkeiten, unsere enorm breit gefächerten Potenziale. Zum anderen erfahren wir, dass wir all dies nur dann wirklich zur Entfaltung bringen können, wenn wir uns größeren Kräften hingeben, wenn wir unseren Weg gemeinsam mit unseren geistigen Helfern gehen, wenn wir uns und alles Leben als eingebettet in das große Ganze erleben. Im

Im Vipassana übt sich der Meditierende als Beobachter. Dadurch hat er die Wahl, das Geschehen positiv oder negativ zu sehen – oder auch zur großen Kunst des Nicht-Bewertens zu gelangen.

Die Heilkraft der Rituale

Selbst einfache Handlungen erhalten eine Wirkkraft, wenn sie bewusst und achtsam ausgeführt werden, sie können so zu einem Ritual werden. Entscheidend ist die innere Haltung, die Sie zu dieser Handlung einnehmen. Dafür ist es vor allem nötig, sich vorher zu zentrieren, bewusst durchzuatmen und mit der Aufmerksamkeit dann genau bei dem zu bleiben, was man tut: eine Kerze anzünden, etwas Räucherwerk verbrennen, eine Tür aufschließen – was auch immer man als Ritual erleben will. Aufwendige Zeremonien müssen das keinesfalls sein.

Rituale geben einer Handlung eine Bedeutung über das Alltägliche hinaus, und indem sie häufig wiederholt werden, verstärkt sich diese Bedeutung in uns. Ich selbst bezeichne Rituale gern als das Innehalten zwischen den Welten: Denn rituelles Handeln geschieht nicht im Alltagsbewusstsein, aber auch nicht in Trance. Es ist vielmehr genau dazwischen, in diesem Heraustreten aus der Geschwindigkeit des Alltags, dass sich eine klare Bewusstheit entfaltet, die das Energiefeld ändern kann – und somit auch eine Wirkung auf den Ausführenden selbst und die Situation oder mitbeteiligte Menschen hat.

Schamanischen lässt sich lernen und fühlbar erfahren, wie sinnhaft das Leben ist, wenn man sich seiner eigenen Wünsche bewusst ist und sie umzusetzen versucht, der darüber stehende Maßstab aber immer das Wohl des Ganzen ist.

Aus Glauben wird Wissen

Dies alles hat nichts mit Glauben zu tun. Wer glaubt, weiß nicht. Im Schamanismus ist es vielmehr die Erfahrung, die mit jeder Bewusstseinsreise, mit jedem Kontakt zu den geistigen Helfern stärker wird. Aus ihr erwächst das Wissen, dass wir zu jeder Zeit geborgen sind und dass alles, was geschieht, dem Leben und dem Wachstum dient. So steckt in jeder Krise eine Chance, ein Geschenk, das wir nie gefunden hätten, wenn uns diese Krise nicht ereilt hätte. Natürlich kann man ein solch tiefes Wissen und Vertrauen nicht sofort voraussetzen. Dafür ist der Glaube sinnvoll, die zunächst einmal hypothetische Annahme, dass es so ist. Mit ihr wird man sich überhaupt erst einmal auf eine schamanische Reise einlassen und dem Leben somit die Chance geben, diesen Glauben in gelebte Erfahrung und schließlich in Wissen umzuwandeln.

Eine Kursteilnehmerin erlebte bei einer schamanischen Reise afrikanische Skulpturen, Frauen mit dicken Bäuchen. Als sie lebendig wurden, lachten und schwatzten, spürte die Frau Feuer im Becken – ihre Lebenskraft.

Spirituellen Schamanismus leben

Indem man seine Krafttiere häufig trifft, sie wertschätzt, sich mit ihnen austauscht, ihnen dankt, ihnen zu Ehren Rituale feiert, werden sie immer stärker und differenzierter wahrnehmbar; sie bekommen immer mehr Kraft in unserem Leben. Es liegt eine Gegenseitigkeit darin, denn dann können sie uns wiederum kraftvoller zur Seite stehen und uns schwierigere Hürden meistern helfen. Und indem die Krafttiere und geistigen Helfer uns Welten zeigen, die wir noch nie erlebt haben, die wir in unserem Geist bislang nicht für möglich gehalten haben, erweitern sie Stück für Stück unser Bewusstsein. Sie tragen damit wiederum auf eine Weise zu unserer Entwicklung bei, die wir aus den rein menschlichen Möglichkeiten des Denkens, Fühlens und Handelns heraus niemals hätten erreichen können. So wird es uns nach und nach möglich, unsere Fähigkeiten umzusetzen und freudig auszuleben. Und die wesentliche Frage lautet in immer stärkerem Maße: Was möchte ich eigentlich auf der Erde tun und gestalten? Was beflügelt meine Seele?

Was beflügelt meine Seele?

Kein Mensch ist zufällig oder gar umsonst auf der Erde. Wir alle tragen in uns einen tieferen Sinn, etwas, das gelebt werden möchte, etwas, das uns Freude und Schwung gibt. Es ist möglich, das auch im Alltäglichen Realität werden zu lassen.

»Lass dem Bösen
seinen Lauf,
bauet stets das Gute
auf.
Wenn das Gute einmal
steht,
Böses von allein
vergeht.«
Angelus Silesius

Raus aus dem alten Sumpf – hin zur Kraft

Bei der schamanischen Arbeit mit der Seelenerinnerung geht man hinaus ins Positive, ins Mögliche, in die eigene Kraft und die eigenen Ressourcen. Das ist kein therapeutisches Herumwühlen im Vergangenen, im Dunkel der Traumata. Es ist kein immer wieder neues Durchsuchen der eigenen Biografie nach all den Punkten, die schiefgegangen sind und dafür sorgen, dass man bis heute nicht so recht vorankommen konnte. Zugleich ist diese Arbeit aber auch für dieses vergangene Dunkel sehr heilsam. Denn es ist möglich, das Traumatisierende zu sehen und das Potenzial darin zu entdecken, die eigenen Fähigkeiten, Geschenke und Talente, die sich darin und in dem, wie man damals gehandelt hat, verbergen. Leider ist diese Herangehensweise heute nicht selbstverständlich.

Schlagzeilen und Medieninfos – leider selten positiv

Wir leben in einem Medien- und Informationszeitalter und sind damit beinahe ununterbrochen Informationen und Nachrichten ausgeliefert. Wenn man sich diese Kanäle aber genauer anschaut, stellt man fest, dass man von ihnen unentwegt mit Negativmeldungen, mit Dunklem und Angsterregendem gefüttert wird. Wir erfahren, wie viele Tote es bei

Anschlägen gegeben hat, welche Krisen in Ländern mit korrupten Regierungen herrschen, welche Brand- und Verkehrskatastrophen es gab, wer seinen Nachbarn erschlagen hat, wie viele Arbeiter einer bestimmten Firma wieder vor die Tür gesetzt werden, weil weitere Produktionsstätten nach Asien verlegt werden, wir hören vom Waldsterben, von der Meeresvergiftung, vom Aussterben bestimmter Tierarten und dergleichen mehr. Und selbst der Tonfall vieler Reporter ist voller Hektik, schon allein vom Klang her angsteinflößend, obwohl sie vielleicht nur die Wettervorhersage sprechen. Sicherlich ist es wichtig, informiert zu sein. Und in einer Welt, die man als globales Dorf bezeichnet, ist es Alltag, dass wir aus jedem Winkel dieser Erde das Neueste erfahren. Doch es gehört mittlerweile zur mentalen und emotionalen Hygiene, diese Infos nicht ungefiltert an sich heranzulassen.

Es gibt immer beides

Starten Sie immer im Hier und Jetzt, beginnen Sie mit genau der Situation, in der Sie sich befinden, mit genau den Wünschen, die jetzt aktuell sind. Dann verschwindet auch die Gefahr, dass Sie sich mit zu großen Zielen verzetteln oder den ersten Schritt gar nicht wagen, weil das Ziel tausend Schritte entfernt liegt. Jeder Schritt bringt Sie näher zum Ziel.

Es ist nämlich nicht so, dass überall nur Böses geschieht; es gibt auch mindestens genauso viele gute Nachrichten. Die werden aber nicht übermittelt. Mir scheint in den Medien die Tendenz zu fehlen, dass man auf das Schöne, auf das Lebenswerte in dieser Welt hinweist. Man könnte doch viel mehr Beispiele dafür bringen, wo etwas geklappt hat, wo sich jemand aus einer Krise befreien konnte, wo jemand geheilt wurde, wo jemand etwas Schönes und Liebevolles geschaffen hat. Man könnte den Fokus auf das legen, was den Menschen das Herz öffnet, was ihnen eine tiefere Befriedigung gibt, was einen Anklang an das gibt, weswegen jeder Einzelne und wir als Menschengemeinschaft hier auf der Erde sind: um zu lernen und zu wachsen.

Die Balance von Hell und Dunkel

Wenn man so mit Radio, Zeitungen und Fernsehen durch seinen Alltag geht, ist es unausweichlich, dass man sehr viel mit dem Dunklen konfrontiert ist. Da sind die eigenen Ängste und die anderer, all die Gefahren des modernen Lebens, die für einen selbst aber vielleicht niemals Relevanz besitzen werden. Ich spüre die Auswirkungen davon sehr stark in der Arbeit mit meinen Klienten und Seminarteilnehmern. Es bedarf oftmals sehr viel Zeit und Kraft, sie wieder in die Balance von Hell und Dun-

Wir sind nicht auf dieser Welt, um zähneknirschend unser Schicksal zu ertragen – unser Dasein ist als ein freudvolles gedacht. Entdecken Sie die Schönheit und Freude in allen Dingen.

kel zu führen. Fast alle Klienten und Seminarteilnehmer sehen erst einmal, dass ihr Glas halb leer ist: Sie haben eine Krankheit, haben sich verschuldet, haben Streit mit dem Partner oder finden keinen. Das mag alles stimmen. Und dennoch ist das Glas auch halb voll, wenn sie sich anschauen, was sie in ihrem Leben bereits erreicht haben, mit welchen liebevollen Menschen sie umgeben sind, dass sie in Frieden und Wohlstand leben. Bei jedem Menschen hierzulande finden sich sehr viele kleine oder große Aspekte des Lebens, die Anlass zu Dankbarkeit geben könnten. Man muss nur den Fokus auf diese Haltung richten. Sie haben die Wahl: Sie entscheiden, wie Sie die Welt betrachten möchten!

Was freut Sie wirklich?

Es lebt sich leichter und kraftvoller, wenn diese Frage ins Zentrum der Aufmerksamkeit rückt. In der Antwort darauf können Ihnen kleine alltägliche Dinge genauso erscheinen wie die großen Entwürfe und Visionen. Vielleicht macht es den einen glücklich, sich morgens ein paar Minuten Zeit zu nehmen, um den Vögeln, die in der Dämmerung singen, zu lauschen. Allein diese Momente können seinem Leben Glück und viel mehr Bewusstheit für die Schönheit des Irdischen geben. Jemand anders

gesteht sich endlich den Wunsch zu, trotz Körperfülle zu tanzen, und meldet sich bei einem African-Dance-Kurs an. Das schon kann ein Anfang sein, immer stärker das zu leben, was ihm selbst wirklich entspricht und gefällt.
Für manche beginnt es vielleicht einfach damit, von dem ewigen Grau, Schwarz und Beige in der Kleidung wegzukommen, indem sie sich einfach mal ein rotes T-Shirt kaufen: der erste leuchtende Farbtupfer im neuen bunten Leben.

Mit allen Sinnen glücklich

Wenn ich die Teilnehmer in meinen Seminaren frage, was sie als Kind glücklich gemacht hat, kommen ganz typische, aber auch erstaunliche Antworten. Und immer strahlen die Gesichter im Raum.

- Im Gras liegen und dem Kuckuck lauschen
- Der Geruch von Omas Apfelkuchen
- Den kleinen Bruder trösten, wenn er weinte
- Schaukeln und wippen
- Mit der besten Freundin unter dem Tisch versteckt sitzend Geheimnisse austauschen
- Sich von der Straßenbahn durchrütteln lassen
- Sich von den Kälbchen im Stall die Finger ablecken lassen
- In die Pfütze tapsen und es so richtig spritzen lassen
- Heißen Kakao trinken
- Auf einem großen Berg von Strohballen in der Scheune herumtoben
- Ein Märchen als Gute-Nacht-Geschichte hören, auch wenn man es schon längst kennt

Die Schamanen auf Hawaii, die Kahunas, haben den Satz: »Jetzt ist der Augenblick der Kraft.«

Was steht an in Ihrem Leben?

Wie kommt man nun auf die Dinge, die jetzt »dran« sind? Die Seelenerinnerung kann hier sehr gut helfen. Die meisten erleben es so, dass ihnen diese schamanische Reise wieder Kraft gibt. Und dabei handelt es sich um die ureigene Kraft dieses Menschen, die ihn nun gewissermaßen in die richtigen Bahnen lenkt, in denen sein Leben erfüllt und glücklich sein kann. Mit dieser Kraft traut man sich einfach zu, das zu tun, was einen weiterführt oder schlichtweg glücklich macht.

Oftmals ist es auch ganz konkret: Während der Bewusstseinsreise erhält man von einem geistigen Verbündeten genaue Hinweise darauf, was nun das Richtige ist: tanzen gehen, eine Entspannungstechnik lernen oder sich aus einer Beziehung lösen, die schon längst gestorben ist. Viele erhalten auch eine Inspiration durch einen Zeitungsartikel oder einen plötzlichen Einfall beim Waldspaziergang.

Alternativen für das Unwort »aber«: jedoch, dennoch, ebenso, zugleich, manchmal. Auch das Wort »und« lässt sich nutzen, um die Polaritäten in gleicher Gültigkeit nebeneinander stehen zu lassen.

Die Seelenerinnerung führt Sie

Mit der Seelenerinnerung erhalten Sie einen starken Schub in Richtung eines sinnerfüllten Lebens. Zum einen bekommen Sie die Kraft und Energie, die Dinge anzupacken und auch unterscheiden zu lernen, was wirklich Ihre Sehnsucht ist und was die Wünsche sind, die Ihnen von anderen oder von der Gesellschaft aufgeprägt wurden. Zum anderen erhalten Sie über das Symbol und die Beschäftigung damit eine klarere Orientierung, wohin es gehen könnte. Das kann sich durchaus erst einmal an der Frage entscheiden, ob es nun die Gesangsstunden oder der Töpferkurs sein soll. Es geht überhaupt nicht um bedeutsam und weniger bedeutsam. Diese Art der Bewertung hat in Bezug auf die Seelenerinnerung keine Relevanz.

Ja, aber …

Ich hatte einen Klienten, der sehr viel und mit den unterschiedlichsten Methoden therapeutisch an sich gearbeitet hatte. Nun kam er jedoch aus diesem rückwärtsgerichteten Jammern nicht mehr heraus: »Weil meine Mutter damals … kann ich heute nicht.« Was man ihm auch an Tipps gab, stets kam ein: »Ja, aber …« Er war in seinen Gedanken gefangen, konnte sich überhaupt nicht auf die Gefühle und den Körper einlassen, obwohl wir dies in unserer gemeinsamen Arbeit immer wieder versuchten. Ich erklärte ihm, dass er allein die Wahl hat: Er kann immer in diesem Negativstrudel bleiben, er kann aber auch aussteigen, sich ins Fühlen, ins Annehmen, ins Jetzt begeben. Von ihm folgte ein: »Ja, aber …« Worauf ich nur antworten konnte, dass seine Vergangenheit vielleicht wirklich schrecklich war, dass die Zukunft ungewiss und voller möglicher Gefahren ist. Und dass es das Jetzt gibt, den einzigen Punkt, an dem er sein Leben in die Hand nehmen kann.

Die Kraft der Inspiration

Die zentrale Frage der Seelenerinnerung lautet: Was beflügelt meine Seele? Fragen Sie sich also ganz konkret:

- Was bringt Leidenschaft in mein Leben?
- Was müsste passieren, damit ich von innen heraus lächle?
- In welchen Momenten, bei welchen Gelegenheiten tauche ich aus dem Schweren und Komplizierten des Alltags auf und spüre, dass mein Herz sich öffnet?
- Was könnte es sein, das meine Augen zum Leuchten bringt? Was könnte bewirken, dass ich mich fühle wie ein glückliches Kind?
- Was lässt mich die Welt umarmen?
- Was bringt mich dazu, vollkommen ja zum Leben zu sagen?

Finden Sie Ihre Antworten und versuchen Sie einmal für eine Zeit, sich ganz dieser hellen und freudigen Seite hinzugeben. Vielleicht tauchen Einwände auf: Ja, aber ich habe gar kein Geld dafür. Ja, aber ich habe gar keine Zeit. Ja, aber mein Mann möchte das nicht. Vielleicht kommen all diese Zweifel und Einschränkungen in Ihnen auf. Doch Sie können sich für diese Übung immer wieder auf die andere Seite konzentrieren, um einmal wirklich zu erspüren, was Sie glücklich machen könnte.

Erleben Sie mit allen Sinnen, wie sich dieses Glück anfühlt. Dann merken Sie vielleicht sogar, dass es gar nicht das große Grundstück am Fluss sein muss, das Sie sich erträumen, sondern dass Ihre eigentliche Sehnsucht dahin geht, mehr in der Natur zu sein, sich ans Ufer zu setzen und den

Im schwarzen Nichts erblickte eine Klientin bei der Suche nach ihrer Seelenerinnerung eine Öffnung in Form eines Auges: »Den Einstieg ins Leben erleichtern« hieß das Thema. Für sie war das eine sehr schöne Bestätigung, dass sie mit ihrer Arbeit als Geburtsbegleiterin genau ihrem Seelenweg folgte.

Kindheit – oft prägend für den Menschen

In der Kindheit liegt oftmals das, was einen Menschen ein Leben lang tragen, interessieren und erfreuen kann. Kinder bringen die frische Erinnerung aus den seelischen Sphären mit. Sie zeigen anfangs noch genau das, was die Seele beflügelt, bevor es in der allgemeinen Konditionierung untergeht und vergessen wird. Doch es kann wieder aus den Tiefen der Seele geborgen werden.

Die Seelenerinnerung muss jedoch nichts mit der Kindheit zu tun haben. Sie geht weit über diese Zeit hinaus. Deswegen ist sie ja auch so häufig symbolhaft oder auch als ein Gefühl oder ein Klang wahrnehmbar.

Geräuschen des Wassers und der Vögel zu lauschen. Das Grundstück können Sie sich vielleicht nicht kaufen, aber in die Natur können Sie gehen – vielleicht noch heute.

Was hat Sie als Kind glücklich gemacht?

Um sich der Seelenerinnerung anzunähern, kann es hilfreich sein, wenn Sie sich die Frage stellen, die ich meinen Kursteilnehmern oft stelle (siehe S. 38): Was hat Sie als Kind glücklich gemacht? Wie war das, als Sie mit Ihrer besten Freundin tuschelten und flüsterten, als Sie wussten, dass Sie mit ihr über alles reden können? Wie war es, als Sie schaukelten und dabei beinahe den Himmel berührten? Was hat Ihnen damals neben all dem, was vielleicht schwierig war, Freude gemacht?

Die Dinge, die uns glücklich machen, sind so individuell wie wir selbst.

Aus solchen Erinnerungen können Sie ableiten, was Ihnen auch heute Freude bereiten könnte. Oftmals sind es ein Leben lang im Wesentlichen die gleichen Dinge. Wenn Sie als Kind gern im Park gespielt haben, ist das vielleicht ein Hinweis darauf, dass Sie gern viel mehr in der Natur sein würden, dass dort Ihre Kraftquelle liegt. Anhand dieser Erinnerungen können Sie schon genauer spüren, ob es Ihnen darum geht, wieder viel mit Ihren Händen zu machen, zu basteln, zu werkeln, zu pflanzen. Oder ob es Ihnen vielleicht die größte Freude bereitet, sich mit vielen Menschen zu umgeben und die Gemeinschaft zu spüren.

Erfahrung gibt Kraft

Probieren Sie es, einigen dieser glücklichen Impulse praktisch nachzugehen: Legen Sie sich also beispielsweise auf die Wiese und lauschen Sie den Vögeln. Vielleicht empfinden Sie dabei ein ganz stilles, inneres Glück. Was es auch ist, Sie werden merken, wie leicht es ist, diese angenehmen stärkenden Aspekte in den Alltag einzubauen. Dann werden all die vielen Ja-aber-Gedanken von allein weniger werden. Denn Sie haben die Erfahrung gemacht, dass es geht und möglich ist.

Sie können das Alte, das Schwere hinter sich lassen: durch einen etwas bewussteren Umgang damit im Alltag, aber natürlich auch durch Rituale wie etwa den Knochentanz (siehe S. 62) oder eine schamanische Reise (siehe S. 65ff.) – all die Angebote dieses Buches. Die Verantwortung dafür, was in Ihrem Leben geschieht, tragen ganz allein Sie selbst. Mögen die

Alle Pflanzen recken sich dem Licht entgegen, das sie zum Leben brauchen. Unser Licht ist unsere Seele, die eins ist mit der Kraft des Kosmos.

Umstände manchmal noch so deprimierend sein, es geht nur Sie allein etwas an, ob Sie glücklich sind oder nicht. Sie allein haben die Wahl, wie Sie mit den jeweils in Ihrem Leben gegebenen Umständen umgehen. Sie wählen, welcher Seite, der dunklen oder der leuchtenden, Sie Ihre Aufmerksamkeit schenken.

Wenn ein Baum zu nah an einer Hauswand steht, wird er sich nur einseitig entwickeln können. Im Unterschied zu ihm können wir die Hauswand bemerken – und uns einen anderen Platz zum Wachsen suchen.

Alles wächst zum Licht

Wenn man sich die Natur anschaut, wird man dort vor allem eines entdecken: Wachstum. Alles wächst, entsteht, treibt Blüten und Früchte, vermehrt sich und vergeht wieder. Wir Menschen haben dies mit der Natur gemein. Auch der Aspekt, dass sich alles zum Licht hin wendet, verbindet uns mit der Natur. Alle Pflanzen wachsen dem Licht entgegen, und im übertragenen Sinne tun wir das auch. Alles wächst zum Licht. Natürlich gibt es Wurzeln, die immer tiefer ins nährende Dunkel dringen. Sie tun das, um der Pflanze den nötigen Halt zu geben, durch den sie sich immer weiter nach oben bewegen kann. Auch dies ist beim Menschen so, denn mit Bodenhaftung kann man sich kraftvoll nach oben aufrichten.

Wachstum – das ist wohl der Sinn des Lebens

Ich gehe davon aus, dass der Sinn des Lebens – um es einmal stark vereinfacht auszudrücken – in der Weiterentwicklung, in der Entfaltung und letztlich auch im Erinnern des großen Ganzen besteht. Dazu gehört es auch, über Bewusstseinserweiterung und gelebte Erfahrungen zu begreifen, dass alles beseelt und lebendig ist. Und es gehört dazu, seine eigene wahre Schönheit, Schöpferkraft und Ganzheit zu entdecken und zu leben. Je stärker dieses Bewusstsein wächst, umso achtsamer und liebevoller wird man auch mit dem eigenen Leben in all seinen Ausprägungen und dem Leben anderer – seien es Menschen, Tiere, die Natur – umgehen. Man kommt vom kleinen, nur um die eigenen Bedürfnisse kreisenden Denken zu etwas Größerem und immer Größerem.

Ihre Seelenkraft lässt Sie wachsen

Mit der Seelenerinnerung, die ja aus dem Licht, aus dem Geistigen kommt, nehmen wir die Kraft von dieser Seite auf. Dies tun wir, um sie dann auf der Erde, auf dem festen Grund, mit unseren Wurzeln hier umzusetzen und zu leben. Wir integrieren sie hier und benutzen sie, um immer fester im irdischen Leben Fuß zu fassen. Wir kommen damit in die Lage, die Liebe und die Nahrung der mütterlichen Seite, der Erde, wirklich aufnehmen und für unser Leben nutzen zu können. Und wir können damit letztlich wieder besser nach oben, zum Himmel, zum Licht wachsen. Auf diese Weise werden wir zu einem Mittler zwischen Himmel und Erde, zu genau dem, woran es in unserer Zeit so stark mangelt.

Ein Klient war sehr berührt, als er nach einer schamanischen Reise in den Himmel wieder auf die Erde zuflog: »Sie ist meine Mutter, mein wahres Zuhause«, sagte er mit Tränen in den Augen.

Bewusstes Erspüren bringt Sie der Seelenerinnerung näher

Bisher haben wir so vieles besprochen, was Sie schon zu dem führen kann, weswegen Sie morgens gern aufstehen. Und dabei haben wir noch nicht einmal die eigentliche Methode der Seelenerinnerung genutzt. Mit ihr wird die Kraft, die Ihre Seele beflügelt, dann mit ungleich größerem Schwung und unaufhaltsamer Freude in Ihr Leben strömen. Doch auch das reine Erforschen dessen, was Ihnen Freude machen könnte, lädt diese Energie in Ihr Leben ein und bereitet Sie auf Ihre Seelenerinnerung vor.

Das Reisen: Der Weg zur Seelenerinnerung

Nun wird es praktisch. Die Methode, mit der Sie zu Ihrer Seelenerinnerung gelangen, ist die schamanische Reise. Sie wird von den Schamanen vieler Kulturen seit undenklichen Zeiten genutzt, wenn sie einen Ratschlag, neue Kraft, Heilung oder eine Vision erhalten wollen. Ich widmete ihr und all den damit zusammenhängenden Möglichkeiten ein ganzes Buch: In *Schamanische Bewusstseinsreisen* erfahren Sie viele Details dieser inspirierenden und kraftvollen Heilmethode. Auf den folgenden Seiten finden Sie kurz zusammengefasst alle notwendigen Informationen, mit denen Sie bald zu Ihrer Seelenerinnerung aufbrechen können.

Traditionell werden drei Welten unterschieden: Obere Welt, Mittlere Welt und Untere Welt. In meinem Verständnis ist diese Unterscheidung nicht mehr unbedingt notwendig, wie ich ausführlicher in meinem Buch »Schamanische Bewusstseinsreisen« erläutert habe.

Schamanismus und Core-Schamanismus

Im schamanischen Weltbild geht man davon aus, dass alles beseelt ist. Krankheit und Unheil beruhen nach dieser Sichtweise immer auf einer Disharmonie zwischen Mensch und Kosmos. Um die Harmonie wiederherzustellen, reisen traditionelle Schamanen in die geistige Welt. Sie arbeiten mit Trance und Besetzung, um herauszufinden, was die natürliche Ordnung wiederherstellen kann.

Dass wir heute auf eine damit verwandte Weise Bewusstseinsreisen unternehmen können, um Heilung oder eine Vision zu erhalten, ist vor allem einem Anthropologen zu verdanken: Michael Harner entwickelte nach Jahrzehnten der Forschung bei schamanischen Völkern weltweit den Core-Schamanismus. Dieser sogenannte Kernschamanismus verbindet die wesentlichen Elemente der schamanischen Arbeit rund um den Globus. Vor allem aber macht er es möglich, dass auch moderne Menschen, gewissermaßen vom heimischen Sofa aus, schamanisch arbeiten können.

Moderne Formen sind individuell

Sandra Ingerman, Carlo Zumstein und viele andere arbeiten mit der von Harner entwickelten Methode. Und sie haben sie, wie ich auch, weiterentwickelt. So ist es mir persönlich vor allem ein Anliegen zu vermitteln, dass jeder Mensch heute seine individuelle Möglichkeit der schamanischen Arbeit finden sollte. Die Art, in Trance zu gehen oder einen Zugang zur geistigen Welt zu erhalten, kann für jeden ganz anders aussehen. Das muss keine streng nach einer Regel absolvierte Bewusstseinsreise sein: Tanz oder Ruhe, Natur oder Stadt – überall und auf vielerlei Weise ist es möglich, in Verbindung zu gehen.

Das Innere wird sichtbar: Einer Frau, die ein Reh als Krafttier entdeckte, wurde erst durch die feine, zartgliedrige und scheue Art des Tieres bewusst, wie grazil und ätherisch sie selbst sein konnte. Denn im Alltag präsentierte sie sich eher als stark und kompetent.

Eine andere Welt

Das schamanische Weltbild geht davon aus, dass es neben unserer alltäglichen auch eine nichtalltägliche Wirklichkeit gibt. Das ist die »andere Welt«, in die der Schamane reist, um von dort eine Information, Kraft oder Heilung für sich, einen Patienten oder die Gemeinschaft zu holen. Auch der Begriff »reisen« ist hierbei nicht im alltäglichen Sinne gemeint: Die schamanische Reise ist eine Bewusstseinsreise, während der der Schamane körperlich in seinem Behandlungsraum oder an dem Platz in der Natur bleibt. Wenn Sie schamanisch reisen, können Sie dabei bequem zu Hause auf dem Sofa liegen.

Die nichtalltägliche Wirklichkeit

Für den Schamanen ist die nichtalltägliche Welt vollkommen real. Es ist nicht so sehr ein räumlich bestimmter Ort, sondern eine andere Wahrnehmungsebene, die uns im normalen Alltagsbewusstsein verborgen bleibt. Mithilfe von monotonen Trommelschlägen oder Rasselklängen versetzt sich der Schamane in einen veränderten Bewusstseinszustand. Er gerät in Trance und lenkt sein Bewusstsein in diese nichtalltägliche Welt, die wie eine irdische Landschaft oder auch völlig anders aussehen kann. Er sucht bestimmte Orte auf und trifft verschiedene Wesen, die ihm helfen. Jeder schamanisch Arbeitende hat auf dieser »anderen Seite« Verbündete, die ihn begleiten, beschützen und beim jeweiligen Anliegen

Krafttiere sind mächtige Helfer

Ob Elefant oder Reh, Eichhörnchen oder Adler, Heuschrecke oder Wal – jedes Tier kann Ihnen als Krafttier erscheinen. Vielleicht haben Sie bestimmte Vorlieben, und vielleicht bestätigen sie sich. Wichtig aber ist, dass Sie offen sind. Nicht der Mensch sucht sich sein Krafttier, sondern das Krafttier sucht sich den Menschen. Und dabei kann es manch glückliches Wiedersehen mit einem (Plüsch)-Vertrauten der Kindheit geben, aber auch manch heilsame Überraschung, wenn jemand beispielsweise feststellt, wie kraftvoll und weise ein Marienkäfer in all seiner Zartheit ist.

unterstützen. Sie können ihn auch zu weiteren Geisthelfern führen, die eine Lösung für die aktuelle Problemstellung kennen.

Geistige Helfer – Krafttiere und Lehrer

Die helfenden Wesen in der nichtalltäglichen Wirklichkeit treten in den unterschiedlichsten Formen auf. Vor allem sind es Krafttiere: Ein Krafttier ist eine eigenständige Energieform und zugleich Teil unseres Bewusstseins. Jeder Mensch wird von einem oder mehreren Krafttieren begleitet. Außerdem begegnen dem Reisenden geistige Lehrer, oft in menschlicher Gestalt. Vielleicht erblickt jemand seinen gütigen Großvater oder eine weise alte Frau, eine Fee, einen Engel, möglicherweise aber auch ein Symbol oder irgendein für ihn persönlich bedeutsames Bild aus dem eigenen Leben. Es muss aber auch nichts bildhaft wahrgenommen werden; viele empfinden bei der Einladung an die Kraft ein starkes Wohlgefühl, Geborgenheit, die Präsenz von etwas Lichtem, Starkem.

»Die Vorstellungskraft legt die Gleise, auf denen der Zug der Wirklichkeit dahinfahren kann.«
Caroline Casey

Die Reisetechnik

Das Fortbewegungsmittel für schamanische Reisen hat weder Räder noch Beine, sondern es ist geistiger Natur. Wenn Sie schamanisch reisen, tun Sie das mit Ihrem Bewusstsein, mit Ihrer Vorstellungskraft. Für Ihre Vorstellungskraft gibt es keine Grenzen, sie kann Sie überallhin führen, in jede Landschaft, hoch in die Lüfte hinauf, tief in die Erde hinein, ins Meer, auf den höchsten Berg – und eben auch in Welten, die Sie in der Außenwelt nirgends finden würden.

Die Macht der Vorstellungskraft

Die Vorstellungskraft ist etwas sehr Zentrales in unserem Leben und auch in der schamanischen Arbeit. Sie kann uns Räume eröffnen, die zunächst wie Traumwelten, eben nichtalltägliche Welten wirken, uns dann jedoch zu etwas sehr Realem in unserem Leben führen: wenn Heilung einsetzt, wenn uns die Lösung für eine Schwierigkeit »zufällt«, wenn wir Kraft schöpfen und plötzlich wissen, wie es weitergeht. Die Vorstellungskraft richtig zu nutzen, heißt, sich klar auf ein Ziel zu fokussieren. Mit der Kraft Ihrer Gedanken geben Sie die Richtung vor. Sie konzentrieren sich auf ein Thema, auf eine Fragestellung – und erleben dann auf der Reise das Entsprechende.

Sie begeben sich auf die schamanische Reise zwar in einem Zustand der Trance, sind dabei jedoch die ganze Zeit über mit Ihrem Bewusstsein verbunden. Sie brauchen also keine Angst vor einem Kontrollverlust zu haben.

Klare Absicht – und zugleich Offenheit

Schamanen reisen nie ohne Absicht in die Welt, die außerhalb des Alltäglichen liegt. Auch Sie sollten sich immer zuerst über Ihre Absicht im Kla-

Trommeln und Rasseln

Ein monotoner Rhythmus mit ungefähr 220 Schlägen pro Minute führt Sie in einen anderen Bewusstseinszustand. Daher sagt man auch, dass die Trommel das Pferd des Schamanen ist: Sie führt ihn in die andere Welt. Mit ihrer Hilfe gerät er in eine Trance, die ihn über die alltägliche Wirklichkeit hinausblicken lässt.

Ob Sie nun eine entsprechende CD abspielen, selbst trommeln oder jemanden bitten, dies für Sie zu tun: Sie haben die Kontrolle über das Geschehen, Sie sind frei in Ihrem Handeln und können sich in diesem Rahmen ganz dem hingeben, was sich auf der Reise zeigen möchte. Obwohl Sie für alles offen sind, was geschehen mag, bleibt Ihr Bewusstsein auch während der Trance vollkommen wach.

ren sein, denn nur dann können Sie verstehen, was Sie später auf der Reise erleben. Diese Absicht muss nicht immer etwas Riesengroßes und das ganze Leben Umkrempelndes sein. Es kann sein, dass Sie einfach zur Ruhe kommen oder wissen wollen, wie Sie das nächste Wochenende am sinnvollsten verbringen könnten. Natürlich kann es auch jede beliebige Fragestellung in Bezug auf Ihren persönlichen Lebensweg oder ein bestimmtes Problem sein oder der Wunsch, Ihr Krafttier intensiver zu spüren.

Für die schamanische Reise ist einerseits diese detaillierte Zielvorstellung im Kopf notwendig, zugleich aber auch eine innere Offenheit für alles, was aus dieser Vorstellung heraus geschehen mag. So wissen Sie beispielsweise auf Ihrer ersten Reise genau, dass Sie Ihr Krafttier treffen möchten – mit dieser Vorstellung ziehen Sie los. Was Sie aber erleben werden und welches Tier sich Ihnen zeigt, das versuchen Sie gar nicht erst zu beeinflussen: Sie sind offen für alles. Sie übergeben Ihr Anliegen einer umfassenderen Kraft.

Auch die Absicht, in die nichtalltägliche Wirklichkeit zu reisen, um Ruhe und Entspannung zu finden, ist ein Anliegen und ein Fokus. Sie begeben sich dann gewissermaßen auf einen Kurzurlaub.

Der größeren Kraft vertrauen

Auch wenn Sie mit einem Problem, einer gesundheitlichen Schwierigkeit oder einem Wunsch in die nichtalltägliche Wirklichkeit reisen, gilt: Sie haben eine klare Vorstellung davon, was Sie wollen, nämlich eine Lösung, Heilung, das Gewünschte. Ob und wie sich das allerdings in Ihrem Leben umsetzen wird, das überlassen Sie den geistigen Kräften, der kosmischen Ordnung. Letztlich ist es wie ein innerliches Augenöffnen: Sie schaffen den Raum für das, was im Sinne Ihrer Heilung und Weiterentwicklung jetzt nötig ist.

Wer ein klein wenig Erfahrung mit der schamanischen Arbeit gemacht hat, wird nicht mehr krampfhaft an dem festhalten, was er sich als richtig und wünschenswert ausgedacht hat. Er wird merken, dass sich die Dinge von der nichtalltäglichen Welt aus betrachtet immer ein wenig anders und meist viel besser darstellen: Von dieser veränderten Sichtweise aus lassen sich nämlich für jede noch so verfahrene Situation erstaunliche, faszinierende und im wahrsten Sinne des Wortes undenkbare Lösungen und Hilfestellungen erkennen. Wir bemerken einen Ausweg oder sehen, dass das Problem gar nicht unbedingt etwas Negatives, Leidvolles bedeuten muss – es liegt oft nur am Blickwinkel. Und der weitet sich auf einer schamanischen Reise enorm.

Wenn wir bereit sind, uns auf Neues einzulassen, werden wir so manche Überraschung erleben – wir müssen nur genau hinsehen.

Überraschungen akzeptieren

Eine an Bulimie leidende Frau kam zu mir in die Praxis. Sie erzählte, wie viele Seminare sie bereits besucht hatte und wie viele Methoden sie beherrschte. Nun wollte sie eine spirituell-therapeutische Praxis aufbauen und suchte dafür die Unterstützung der geistigen Welt. Ihre schamanische Reise brachte ihr Bilder von Mütterlichkeit, die sie in sich selbst entdecken und für ihr eigenes Leben anwenden sollte. Sie musste akzeptieren, dass es für sie noch nicht an der Zeit war, anderen Menschen zu helfen. Zuerst musste es ihr um sich selbst gehen.

Sie wehrte sich gegen diese Botschaft, und ich sah sie lange Zeit nicht. Nach ein paar Monaten erschien sie zu einem weiteren Termin: in einem farbenfrohen Kleid. Sie strahlte, als sie erzählte, dass sie inzwischen viel über ihre weibliche Seite gelernt hatte. Auf der Reise erlebte sie sich diesmal in einem Kreis weiser Frauen, die um ein Feuer herum saßen. Jede dieser Ahninnen bestätigte ihr eine urweibliche Eigenschaft, die sie bereits zu entwickeln begonnen hatte.

Nutzen Sie auf der beiliegenden CD Track 1 für die Einladung an die Kraft.

Die Kraft einladen – das Krafttier oder den Lehrer finden

Für jeden schamanisch Arbeitenden ist es wesentlich, Helfer in der geistigen Welt zu kennen. Diese Verbündeten sollten Sie auch vor einer Reise zur Seelenerinnerung kennenlernen. Dazu bedarf es einiger äußerer und innerer Vorbereitungen.

Der heilige Raum

Ein heiliger Raum, ein Altar oder einfach eine ruhige Ecke in Ihrer Wohnung unterstützt die schamanische Arbeit und vermittelt Ihren Geisthelfern eine größere Wertschätzung, ob Sie sie schon kennen oder noch nicht. Gestalten Sie sich also einen Platz in einem Zimmer, den Sie ganz Ihrer persönlichen Entwicklung weihen. Dort können Sie zur Ruhe kommen, vielleicht meditieren, Ihren Gedanken über das Leben nachhängen – und schamanisch reisen. Ein kleiner Altar kann ein paar für Sie symbolhafte Gegenstände beherbergen, Steine, eine Kerze, etwas Räucherwerk. Wenn Sie immer wieder von einem solchen Platz aus in die nichtalltägliche Wirklichkeit aufbrechen, wird es nach und nach Ihr persönlicher Kraftplatz. Sie kreieren einen heiligen Raum.
Auch innerlich gestalten Sie gewissermaßen einen heiligen Raum: Sie halten sich die Absicht vor Augen, dass Sie nun die nichtalltägliche Wirklichkeit besuchen wollen, um Ihren Verbündeten zu treffen. Bitten Sie sie um diese Begegnung.

Auf dem Altar, den Sie sich für Ihre schamanischen Reisen bereitet haben, könnte eine Schale mit getrockneten Salbeiblättern liegen. Wann immer Sie schamanisch arbeiten, verbrennen Sie ein paar davon, reinigen damit den Raum und laden die Geisthelfer ein.

Die Reise zum Helferwesen

Setzen oder legen Sie sich nun entspannt hin, lassen Sie die Trommel-CD laufen oder bitten Sie jemanden, für Sie zu trommeln. Stellen Sie sich dann im Geist einen Ort in der Natur vor, von dem aus Sie starten möchten. Machen Sie sich diesen Startplatz vor Ihrem inneren Auge klar bewusst. Suchen Sie sich dort eine Art Tor und gehen Sie hindurch: durch ein Gartentor, einen Höhleneingang, klettern Sie einen Baum hinauf, was auch immer sich für Sie anbietet.
Und dann heißt es: Willkommen in der nichtalltäglichen Wirklichkeit! Wenn Sie durch Ihr Tor gegangen sind, kann sich alles Mögliche zeigen. Seien Sie offen und lassen Sie das auf sich wirken, was Ihnen begegnet. Halten Sie nach Ihrem Krafttier oder einem Lehrer Ausschau – Sie haben sie vorab eingeladen, und sie werden sich zeigen. Alles, was jetzt geschieht, ist Teil der Antwort auf Ihr Reiseanliegen, den Geisthelfer zu finden.

Zurück in die alltägliche Wirklichkeit

Wenn Sie in der nichtalltäglichen Wirklichkeit alles erfahren haben, was jetzt wichtig ist, gehen Sie wieder zurück. Wenn Sie eine spezielle Reise-CD nutzen, wird sich der Trommelrhythmus ändern, damit Sie wissen, dass es Zeit ist. Nun sollten Sie den gleichen Weg wie auf dem Hinweg nutzen und auch den gleichen Übergang zwischen den Welten.
Wenn Sie mit Ihrem Bewusstsein wieder in Ihrer vertrauten Umgebung angekommen sind, können Sie sich noch ein bisschen Zeit geben. Lassen Sie die Erlebnisse nachwirken. Kommen Sie ganz in Ruhe wieder in Ihrem Körper an. Wenn Ihnen danach ist, können Sie Ihre Erfahrungen aufschreiben. Schön ist es auch, mit dem Krafttier zu tanzen oder auf eine andere Weise Bewegung in den Körper zu bringen. Auch er muss das Erlebte verarbeiten.

Nicht immer ist es der richtige Moment für eine schamanische Reise, speziell für eine Reise zur Seelenerinnerung. Auch traditionell arbeitende Schamanen wissen, dass es Tage gibt, an denen das Reisen einfach nicht stimmig wäre. Es liegt irgendetwas anderes in der Luft, und es lohnt sich, ein Gespür für die Erfordernisse des Moments zu entwickeln.

Die Kraft herbeibitten – um sie zu spüren

Sie können die Kraft, die Sie auf der eben beschriebenen Reise kennenlernten, auch zu sich einladen, wenn Sie weder eine Reise unternehmen noch ein Ritual gestalten wollen. Vielleicht wollen Sie einfach in einer schwierigen Situation um Beistand bitten, oder Sie möchten am Abend einen anstrengenden Tag ausklingen lassen, oder Sie wünschen sich das Gefühl, von Ihren geistigen Helfern umgeben zu sein. Sie können sie auch bitten, Sie in der Nacht behütet ins Reich der Träume zu führen.
Sie können dabei rasseln oder trommeln oder auch still sein, Sie können beten oder auch tanzen. Es ist ein kleines Ritual, das Sie aus dem Alltäglichen herausführt – hinein in Ihre Verbundenheit mit der geistigen Welt und der klaren Präsenz Ihrer ureigenen Kraft.

Wann ist die schamanische Reise nicht geeignet?

Prinzipiell kann jeder zu jeder Zeit eine schamanische Reise unternehmen. Wer es sich aber nicht zutraut oder aufgrund seiner psychischen Verfassung nicht sicher ist, ob er eine solche Reise allein unternehmen kann, sollte sich an einen schamanisch arbeitenden Therapeuten wenden. Da man beim Reisen zwischen den Welten hin- und herwechselt, rate ich Menschen mit Störungsbildern wie Psychosen und Schizophrenie von

Die schamanische Reise – ein Überblick

Nach dem hier beschriebenen Grundmuster lassen sich alle Arten von schamanischen Reisen unternehmen. Für die Reise zur Seelenerinnerung gibt es einige Besonderheiten, die Sie im Kapitel »Die Reise zur Seelenerinnerung« (siehe S. 65ff.) erfahren.

- Den **heiligen Raum** schaffen: Sorgen Sie für ein angenehmes Umfeld und entspannen Sie sich.
- Die **Absicht** festlegen: Formulieren Sie klar, mit welchem Ziel Sie reisen wollen.
- Das **Tor zur anderen Welt:** Starten Sie von einem Platz in der Natur und gehen Sie durch ein imaginäres Tor in die nichtalltägliche Welt.
- Die **Reise in die nichtalltägliche Wirklichkeit:** Lassen Sie offen alles auf sich wirken, was jetzt geschieht. Konzentrieren Sie sich weiter auf Ihre Absicht.
- Die **Rückkehr:** Wenn es Zeit ist, bedanken Sie sich bei Ihren Geisthelfern und kehren Sie auf dem gleichen Weg in die alltägliche Welt zurück.
- **Sanftes Ankommen:** Lassen Sie das Erlebte nachwirken, verleihen Sie ihm Ausdruck, indem Sie etwas aufschreiben, singen, malen oder tanzen.

dieser Arbeit ab. Denn möglicherweise gelingt ihnen dieser Wechsel nicht kontrolliert, und sie verlieren die Orientierung, in welcher Welt sie sich gerade befinden. Was an sich positiv wirkt, kann bei unsachgemäßer Anwendung ungünstige Folgen haben.

Auch wenn es zunächst simpel klingen mag: Für eine Klientin war Häkeln das, was sie mit ihrer Seelenenergie verband. Schon als junge Frau hatte sie während dieser Handarbeit zur Ruhe finden und ihre Gedanken ordnen können – wie bei einer Meditation.

Für die Reise zur Seelenerinnerung

Auch die Reise zur Seelenerinnerung, die später noch genau beschrieben wird (siehe S. 65ff.), ist eine schamanische Reise nach dem oben beschriebenen Ablaufmuster. Sie haben mithilfe der schamanischen Bewusstseinsreise Ihren geistigen Helfer kennengelernt. Genau diese Energie, dieses Krafttier oder diesen Lehrer laden Sie dann ein, wenn Sie zur Seelenerinnerung starten wollen. Dann werden Sie beschützt und gestärkt aufbrechen können.

Altes verabschieden

Bevor man im Leben wirklich nach vorn starten kann, ist es notwendig, sich von Altem, nicht mehr Stimmigem zu lösen. Wer von Schwerem aus der Vergangenheit frei ist, kann Schritte nach vorn unternehmen, vielleicht sogar große Sprünge machen, er kann weitergehen. Er wird in seinen Gedanken Altes verabschieden können und offen für Neues sein. Seine Gefühle sind geklärt und von nichts Vergangenem mehr belastet. Ein solcher Mensch hat in sich Raum für die Seelenerinnerung geschaffen. Um dorthin zu gelangen, muss man sich vielleicht eine vergangene oder noch währende ungute Beziehung anschauen und eventuell auch noch einmal in die weiter zurückliegende Vergangenheit eintauchen, um etwas zu lösen und im wahrsten Sinne des Wortes zu ent-binden.

Ein Mann bat einen Zen-Meister um Hilfe. Dieser servierte ihm Tee und goss immer weiter ein, auch als die Tasse schon längst voll war. Der Mann sagte: »Hört doch auf, Tee in die Tasse zu gießen, er läuft schon über.« Der Meister antwortete: »Du bist wie diese Tasse, du bist angefüllt mit Gedanken und Emotionen. Erst wenn du dich ausleerst, wirst du Platz in dir haben, um meine Lehren anzunehmen.«

Vor jedem Neuanfang – aufräumen

Die Seelenerinnerung richtet sich nach vorn. Mit ihr lassen Sie Vergangenes vergangen sein, Sie gestalten Ihre Gegenwart bewusst so, wie es Ihnen »aus tiefster Seele« entspricht, und orientieren sich damit auf eine erfüllte Zukunft. Dennoch ist es sinnvoll, einen Blick auf Zurückliegendes zu werfen, wenn dort noch etwas aufgeräumt werden muss. Sie merken ganz leicht, ob das bei Ihnen der Fall ist: Brennt Ihnen etwas auf den Nägeln, was Sie jemandem unbedingt noch sagen müssen? Vielleicht wollen Sie sich bei einem Verwandten entschuldigen, trauen sich aber nicht so recht? Rührt sich in Ihnen jedes Mal die Wut, wenn Sie an eine Kollegin denken? Arbeiten Sie in Gedanken immer wieder ein früheres Gespräch durch, in dem Sie sich »für dumm verkaufen« ließen? Haben sich Ihre Gedanken oder Gefühle in einer Endlosschleife verfangen?
So lange Sie emotional noch an einem Thema hängen bleiben, empfiehlt es sich, das genauer anzuschauen und es zu bereinigen. Das bedeutet keinesfalls, dass Sie erst Ihre gesamte Vergangenheit aufarbeiten müssen, bevor Sie endlich zu Ihrer Seelenerinnerung reisen können.

Die Haken, an denen wir hängen

Beziehungen, berufliche Herausforderungen, die finanzielle Situation, die Gesundheit oder auch die eigene Kindheit und das Verhältnis zu den Eltern: In allen Bereichen unseres Lebens können wir stecken bleiben. Dann scheint es so, als würde der Fluss des Lebens weiter dahinströmen – aber ohne uns. Wir verbleiben an einer Stelle, kauen die immer gleichen Fragen durch, ohne ein Antwort zu finden. Oder wir spüren einer Verletzung nach und bleiben so an ihr hängen. Andere haben Schmerzen, gehen aber aus Angst vor einer erschreckenden Diagnose nicht zum Arzt – und denken dennoch an nichts anderes als die mögliche Krankheit.
In all diesen Situationen gibt es nur einen Weg, wieder in Fluss zu kommen: tun, was offensichtlich getan werden muss. Fühlen, was gefühlt werden will. Aussprechen, was endlich an den richtigen Adressaten möchte. Klären, was unterschwellig schwelt. Und dann: verabschieden und im Leben weitergehen.

Das Leben ist wie ein Fluss, wir können uns nur in einer Richtung bewegen. Wenn wir hängen bleiben, bilden wir Strudel, manchmal gibt es auch Stromschnellen. Jedoch zur Quelle kommen wir nur über »Umwege«: das Meer und die Wolken.

Alte Muster verabschieden

Auch hierbei spielt die Absicht eine wichtige Rolle: Es ist nämlich das wirkliche Bemühen wichtig, die Muster zu erkennen, es in Zukunft anders zu machen, die Dinge positiv zu sehen und aktiv zu gestalten. Dafür ist eine persönliche Leistung nötig: die Gegenwart anschauen, die Muster ausfindig machen und neue Wege erkunden. Viele Menschen ver-

Das Leben hält viele Wegkreuzungen für uns bereit. Unsere Seelenkraft verleiht uns den Mut, auch einmal neue Wege zu erkunden.

halten sich so, dass sie immer wieder in die gleichen Fallen tappen. Sie erleben stets das Gleiche, etwas, was ihnen nicht guttut und sich dennoch in Variationen ständig wiederholt. Die Seelenerinnerung kann ihnen helfen, dieses alte Muster als solches zu erkennen, und sie kann ihnen die Motivation und vor allem die Energie geben, auszusteigen. In diesem Sinne wirkt sie also durchaus auch therapeutisch.
Wenn Sie wissen, welche Schritte nötig sind, kann Ihnen die Seelenerinnerung helfen, sie auch umzusetzen. Sie gibt Ihnen dann das gute Gefühl für Ihr eigenes Potenzial, und Sie merken aus diesem Gefühl heraus beispielsweise, dass Sie eigentlich ein Mensch sind, der sich gern bewegt, der sich gern gesund und frisch ernährt, der gern Sauerstoff zu sich nimmt, anstatt sich kontinuierlich mit Tabakrauch zu vergiften. Und wenn Sie bei jedem Versuch, schamanisch zu reisen, einschlafen, dann mag eben genau der Schlaf das sein, was Sie jetzt am dringendsten brauchen.

Transformation bedeutet, die gesamte Energie, die vorher in Leid und Schwierigkeiten gebunden war, zu wenden und in eine mir dienliche Kraft umzuwandeln. Auch in der Natur geht nie Energie verloren, sie verwandelt sich nur immer wieder.

Transformation statt Loslassen

Oftmals hängen wir mit intensiven Gefühlen an Beziehungen, die längst beendet sind: manchmal mit Sehnsucht und Trauer oder auch mit Wut und Ärger. Solange es noch solche Gefühle für etwas Vergangenes gibt, hat man innerlich nicht aufgeräumt und ist somit natürlich auch nicht frei, die eigene Kraft zu leben; sie wird gebunden. Erlöst sind die Dinge, wenn die Gefühle sich gewissermaßen neutralisiert haben. Dann kann man erzählen, dass man einen Menschen geliebt hat, dass man eine sehr schöne Zeit miteinander hatte, dass sich dann etwas verändert hat, die Beziehung beiden nicht mehr guttat und man sich letztlich trennen musste. Man weiß, dass man durch eine Phase des Schmerzes, der Trauer und des Grollens gegangen ist. Heute aber kann man diese gesamte Zeit neutral betrachten, nicht gefühlskalt, aber entspannt. Man kann noch immer die schönen Momente nachempfinden und auch die schmerzhaften, man steckt aber nicht mehr drin. In diesem Sinne hat man aufgeräumt und kann auf seinem Lebensweg weiter vorangehen.

Die nagenden Punkte finden

Seien Sie ehrlich zu sich selbst und fragen Sie sich: Wo stehe ich? Bin ich frei, nach vorn zu gehen? Oder schaue ich mit unangenehmen Gefühlen zurück? Wenn Sie sich an etwas Altes gefesselt fühlen, nur Mut: Prüfen Sie, was es ist, und machen Sie sich frei davon! Auch dafür können Sie Ihre geistigen Helfer jederzeit um Unterstützung bitten.

- In welchen Beziehungen spüren Sie, dass etwas Ungesagtes in der Luft liegt, dass irgendetwas zwischen Ihnen und der anderen Person steht, was eigentlich aus der Welt geräumt gehört? Prüfen Sie, wie es Ihnen damit geht und ob Sie das Problem mit einem Gespräch oder einer liebevollen Geste beheben können.
- Macht Ihnen Ihre Gesundheit zu schaffen, und wissen Sie eigentlich, dass der Gang zum Arzt oder Heilpraktiker oder aber eine Änderung Ihrer Lebensgewohnheiten ansteht? Nehmen Sie Ihre Ängste oder ungesunden Gelüste ernst – und versuchen Sie dennoch, sie Stück für Stück zu verabschieden.
- Unzufriedenheit mit der beruflichen Situation kann viele Ursachen haben. Oftmals lassen sich die Schwierigkeiten innerhalb der Firma klären, indem Sie offen und ehrlich ansprechen, was Sie stört, oder auch deutlich Ihre berechtigen Forderungen aussprechen. Manchmal hingegen ist es Zeit, den Horizont zu erweitern und sein Glück in einem neuen Betätigungsfeld zu versuchen.
- Wenn es um die früheste Vergangenheit geht: Schauen Sie sich alte Fotos der Familie an. Beschäftigen Sie sich mit den Personen, die Sie in der Kindheit umgeben haben. Wie viel Belastendes spüren Sie da heute noch? Meinen Klienten empfehle ich in einem solchen Fall, dass sie mit der Unterstützung ihres Krafttieres innerlich zu den Personen gehen, mit denen noch etwas offen ist – egal ob sie noch leben oder bereits verstorben sind. Dann lässt sich auf einer energetischen Ebene Verständnis und Verzeihen entwickeln.

Manchmal sind wir einfach genervt oder schlecht gelaunt. Doch fast immer lässt sich eine Ursache dafür finden – und schon sind wir einen großen Schritt näher an einem angenehmeren Gefühl.

Der Segen des Zurücklassens

Sicherlich geht es im Leben der Menschen immer wieder neu darum, aufzuräumen und Ordnung zu schaffen. Das muss nicht in dem Sinne geschehen, dass man die alten Teile ständig neu zur Hand nimmt, untersucht, analysiert, sie immer wieder bewegt. Es kann auch einfach nur darum gehen, innerlich Raum zu schaffen und sich die Möglichkeit einzugestehen, das quälende Alte vollständig loszulassen. Wenn die Zeit reif ist, lässt sich die Essenz einer jeden Erfahrung ins eigene Wesen integrie-

ren. Und dann kann man frei nach vorn gehen und sich seinen wahren Potenzialen zuwenden.
Manchmal geht das nicht von heute auf morgen. Inwieweit in diesem Prozess der Blick jeweils zurück oder nach vorn gehen muss, ist von Mensch zu Mensch und von Situation zu Situation natürlich unterschiedlich. Erfahren lässt sich das nur, wenn man ganz in der Gegenwart ist. In der Gegenwart weiß man, was der Moment erfordert. Lassen Sie sich also darauf ein, zu erspüren, wie sich Ihr Leben gerade anfühlt: Ist etwas im Außen zu klären oder zu tun? Oder haben Sie in einer Sache alle nötigen Schritte unternommen und sind nun so weit, das Ganze einfach verabschieden und loslassen zu können?

Auch wenn Sie noch Seelenenergie von einem anderen Menschen haben, können Sie diese zurückgeben: Geben Sie sie beispielsweise rituell in einen Stein oder auch einen Text und damit ein Blatt Papier, das Sie dann in einen Fluss werfen oder der reinigenden Kraft des Feuers übergeben. Dabei äußern Sie die Absicht, dass die Energie mithilfe Ihres Geisthelfers der geistigen Welt übergeben wird.

Altes verabschieden – ganz praktisch

Um Altes zu verabschieden, gibt es viele Möglichkeiten. Sie können Ihre geistigen Helfer um Rat bitten oder auch intuitiv erspüren, was für Sie der beste Weg ist. Mir haben meine Geisthelfer beispielsweise einmal ein Ritual gezeigt: Ich sollte alles Alte aus Beziehungen in eine Papiertüte blasen. Da ich aber irgendwo in den Alpen unterwegs war, hatte ich keine Tüte. Ich habe mir also Trauben gekauft, um an eine Papiertüte heranzukommen. Dann habe ich mit meiner ganzen Intention diese Tüte aufgeblasen – mit jedem Atemzug habe ich eine frühere Beziehung aus mir entlassen. Und am Ende habe ich die prall gefüllte Tüte mit einem Schlag zerplatzen lassen. Dieser Knall hat mich selbst richtig erschreckt, es war ein echter Moment des Aufwachens, eine wirkliche Befreiung.
Die Tüte habe ich abschließend verbrannt und einen Teil der Asche in der Erde vergraben, den anderen ins Wasser gegeben. So waren in diesem für mich sehr wichtigen Ritual alle vier Elemente enthalten: Luft, Feuer, Erde und Wasser. Und ich war anschließend frei, auf meinem Lebensweg weiterzugehen.

Rituale des Loslassens

Rituale wirken dann am besten, wenn Sie einen echten Bezug dazu spüren, wenn das Geschehen Ihr Herz tief berührt. Sie dürfen also selbst kreativ werden. Im Folgenden gebe ich Ihnen daher nur einige Beispiele. Am

Der Frühling löst den Winter ab, durch Schnee und Eis bricht neues Leben. Wiederauferstehungsrituale spielen im schamanischen Denken eine sehr wichtige Rolle.

besten ist es natürlich, wenn Sie sich von einem Krafttier ein Ritual zeigen lassen.

- Sie können alle Gefühle, die mit dem Thema zusammenhängen, in einen Stein hineinatmen oder über die Hände hineinfließen lassen. Den Stein werfen Sie dann in einen Fluss. Sie übergeben das Alte damit der Natur zur Reinigung.
- Sie können in meditativer Stille noch einmal alles innerlich durchleben, die Essenz des Alten aufschreiben und das Blatt Papier verbrennen. Einem ehemaligen Partner beispielsweise können Sie einen Brief schreiben, in dem Sie Ihren ganzen Groll loslassen, und einen weiteren, in dem Sie sich an das schöne und liebevolle Gemeinsame erinnern und ihm dafür auch danken. Beides können Sie dann der reinigenden Kraft des Feuers übergeben und die Asche in den Wind oder ins Wasser streuen.
- Eine weitere Möglichkeit besteht darin, sich im Wald an einen Baum oder direkt an Mutter Erde zu wenden: Bitten Sie sie, die alte Energie von Ihnen aufzunehmen und zu transformieren. Legen Sie Ihre Hände auf die Erde oder die Wurzeln des Baumes und lassen Sie alles Alte dorthin strömen. Bedanken Sie sich bei der Natur, vielleicht mit einem Gebet oder einem Lied.

Mich beispielsweise hat Angaangaq Lyberth manchmal mit einer Quilaut, einem großen, mit Fell bespannten Rahmen, den er in Schwingung versetzt, und seinem Gesang gereinigt.

Solche Rituale können nur dann wirken, wenn sie nicht mechanisch ablaufen, sondern mit der ganzen inneren Bewusstheit vollzogen werden. Sie müssen sie mit allen Fasern Ihres Seins – mit Ihrer körperlichen, emotionalen, mentalen und spirituellen Ebene – durchführen. Deshalb ist es sinnvoll, dass Sie sich spielerisch genau das Ritual kreieren, bei dem Sie spüren: Ja, so funktioniert es! Das ist stimmig für mich in dieser Situation.

Den Körper einbeziehen

Da der Körper alle unsere Erfahrungen speichert, muss auch er in den Prozess des Loslassens einbezogen werden. Oft spürt man nach einem der oben beschriebenen Rituale in jeder Zelle die Befreiung. Verleihen Sie diesem herrlichen Gefühl dann Ausdruck: Tanzen Sie, springen Sie herum, boxen Sie wild in die Luft, rennen Sie, so schnell Sie können – wonach auch immer Ihr Körper verlangt.
Sie können auch das Ritual selbst körperorientiert gestalten: Gehen Sie einen Berg hinauf, lassen Sie das Alte dort, bitten Sie Erde und Himmel, es aufzunehmen, und gehen Sie dann wieder ins Tal. Spüren Sie dabei bewusst, wie sich Ihr Körper und Ihr Gang anfühlen, lassen Sie die auftauchenden Bewegungsimpulse zu. Oder Sie schwimmen in einen See

Fragen Sie Ihr Krafttier, wie Sie die alten Energien aus Ihrem Körper lösen können. Sie werden erstaunt sein, auf was für verrückte Ideen sie kommen. Sich mit einem gelben Kleid unter die Dusche zu stellen ist nur eine davon.

Traditionelle Zerstückelungsrituale

Um wirklich ein Schamane zu werden, muss man ein Initiationsritual bestehen. Nicht nur in alten Zeiten war dies oft eine rituelle Zerstückelung, die ein Mensch dabei über sich ergehen lassen musste – eine solche Initiation führte den Betreffenden immer an den Rand des Todes, meist sogar über die Schwelle ins Totenreich hinein. Er konnte erfrieren, von wilden Tieren zerrissen oder verrückt werden. Kehrte er zurück, war er ein anderer geworden. Auch die Mythenwelt kennt dieses »Stirb und werde«: So wird beispielsweise Osiris zerstückelt und später von seiner Gemahlin Isis wieder zusammengesetzt – Sinnbild für den natürlichen Kreislauf von Leben, Sterben und Neugeburt.
Zerstückelungsrituale müssen nicht immer so drastisch ablaufen. Manchmal beginne ich meine Seminare mit einer schamanischen Reise, bei der die Teilnehmer und ihre Vorstellungsmuster von der geistigen Welt zerlegt werden – damit dann alle offen und frei für die kommende Erfahrung sind. Oder ich lasse sie zu einer fetzigen Musik den Knochentanz (siehe S. 62) tanzen.

hinaus und bitten das Wasser, Ihre belastenden Energien aufzunehmen. Dann drehen Sie um, stoßen all die Energien von sich weg und schwimmen zum Ufer zurück – kraftvoll und im Wissen des nun möglichen Neuanfangs.
Oder aber Sie tanzen den im Folgenden beschriebenen Knochentanz, den ich von der uralten schamanischen Zeremonie der Zerstückelung adaptiert habe. Dort wird – ganz einfach ausgedrückt – der Schamane von der geistigen Welt auseinandergenommen, was einem rituellen Sterben gleichkommt, damit das Neue leben kann.

Der Knochentanz

Nutzen Sie Track 2 auf der beiliegenden CD, um mit dem Knochentanz Altes loszulassen.

Bei diesem schamanischen Tanz lösen Sie sich auf allen Ebenen von alten, verbrauchten Energien: Sie verbinden sich mit den Elementen und spüren, wie sich Ihre Haut ablöst, wie Ihr Fleisch, Ihre Organe zerschmelzen und von Ihnen abfallen – bis nur noch Ihre Knochen übrig bleiben. Nun beginnen Sie zu tanzen, als ein Gerippe. Alles ist von Ihnen abgefallen, Sie fühlen sich leicht und frei wie der Wind.
Nach einer Zeit spüren Sie, wie die Sonne Sie wärmt und ganz allmählich wieder auffüllt. Ihr Körper wird wieder in seiner ganzen Fülle wahrnehmbar, Sie spüren den Ort, auf dem Sie sich bewegen, fühlen die Erde unter Ihren Füßen. Sie sind vollständig, erfrischt und neu.

Auch die Seelenerinnerung hilft beim Loslassen

Die Seelenerinnerung richtet sich ganz ins positive, kraftvolle, freudige Vorangehen im eigenen Leben. Und natürlich kann auch sie Ihnen dabei helfen, mit Vergangenem abzuschließen oder anders damit umzugehen, als Sie es bisher taten. So ist es einerseits gut, vor der Reise Altes abzuschütteln. Andererseits aber kann die Seelenerinnerung Sie dabei unterstützen, allzu hartnäckiges Altes loszuwerden: Sie gibt Ihnen dafür die nötige Kraft, und Sie zeigt Ihnen anhand Ihres wahren Potenzials eine Alternative zu dem, was Sie bisher lebten.

Das volle Potenzial leben – und weitergeben

Es gibt eine Frage, die unter die Haut geht, wenn man sich eine Weile mit ihr beschäftigt. Fragen Sie sich: Wer könnte ich heute sein, wenn meine Eltern ihr Potenzial vollständig gelebt hätten? Indem man sich diese Frage stellt, kann man all die positiven Aspekte der eigenen Eltern, der Ahnen und Urahnen entdecken und wertschätzen. Man kann beginnen, sie selbst, im eigenen Leben zu verwirklichen.
Damit lässt sich die Bedeutung begreifen, die darin liegt, dass man sich selbst heute bewusst wandelt und sein Potenzial intensiver lebt. Auf diese Weise trägt man in der besten aller möglichen Weisen zum Wohl der eigenen Kinder, der eigenen Projekte und des gesamten eigenen kleineren oder größeren Umfeldes bei.

Immer wieder neu

Viele alte Kulturen haben erkannt, dass sich das Leben in Spiralen entwickelt. Das Rad dreht sich weiter und weiter, immer wieder sind wir mal oben und mal unten. Immer wieder ist es mal an der Zeit, etwas Altes zu verabschieden und mal an der Zeit, etwas Neues zu beginnen. Auf diesem spiralförmigen Weg ist es deshalb immer wieder wichtig, Rituale des Loslösens zu unternehmen, und es wird immer wieder sinnvoll und kraftspendend sein, sich die eigene aktuell wichtige Seelenerinnerung zu holen.

Das Wertvolle bleibt

Die Essenz, die nach jedem Verabschieden bleibt, ist ein wahrer Schatz: Es ist eine Erfahrung, die Sie zu dem gemacht hat, was Sie heute sind. Sie haben an dem Geschehen lernen und wachsen können. Indem Sie das begreifen, wollen Sie auch nichts mehr verdammen und vergessen. Alles Erlebte ist Teil Ihres Lebens, den Sie dankbar in sich aufbewahren. In Ihrem Herzen kann es als etwas Vergangenes ruhen und Ihnen im besten Sinne Kraft zum Weitergehen geben.

Eine Sufi-Geschichte: Ein Mann geht eine Straße entlang und fällt in ein Loch. Er schimpft, bleibt eine Weile fluchend darin und klettert wieder heraus. Der Mann geht die Straße entlang, sieht das Loch und fällt hinein, schimpft und klettert wieder heraus. Der Mann geht die Straße entlang, sieht das Loch, fällt hinein, lacht und klettert wieder heraus. Der Mann geht die Straße entlang, sieht das Loch und geht drum herum. Der Mann geht eine andere Straße entlang.

Die Reise zur Seelenerinnerung

Die Praxis des schamanischen Reisens lässt sich für alle möglichen Belange nutzen, und so auch für die Seelenerinnerung. Um zu erfahren, wie Sie als menschliches Wesen eigentlich gedacht sind, welches Ihre wahren Talente sind, mit welcher Grundenergie Sie auf die Erde gekommen sind, begeben Sie sich mit Ihrem Bewusstsein in die nichtalltägliche Welt. Und das auf eine ganz bestimmte Weise, die ich Ihnen im Folgenden genau schildern werde.

Eine Klientin erhielt das Bild des Froschkönigs und assoziierte sofort die Begriffe »Ebenenwechsel« und »Verwandlung«, denn der Frosch lebt ja sowohl in der Wasser- als auch in der Luftwelt. Außerdem stieg die Frage in ihr auf: »Will meine Seele wachgeküsst werden?«, denn der Frosch steht auch für Fruchtbarkeit und Geburt.

Die Absicht – der wesentliche Treibstoff

Bei einer schamanischen Reise ist bereits die Absicht ein grundlegender Teil des Gelingens (siehe S. 48f.). Sie brauchen sich also keine Sorgen machen, dass Sie vielleicht nichts sehen werden, dass Ihre Reise nicht klappen könnte. Da Ihre Absicht klar formuliert ist, sind auch die geistigen Helfer für Sie da, die Reise wird etwas in Ihnen bewegen, auch wenn Sie das gar nicht bewusst wahrnehmen sollten. Die meisten aber nehmen ohnehin etwas wahr: Bilder, Worte, Gefühle.

Ihr Fokus vor der Reise

Wenn Sie die Seelenerinnerungsreise unternehmen wollen, wissen Sie sicher auch schon, zu welchem Thema: für ein bestimmtes Problem oder ganz im großen Stil für die Frage nach dem Sinn Ihres Lebens. Bestimmen Sie das gerade aktuelle Thema so klar wie möglich. Machen Sie sich so tief, wie es Ihnen gelingen will, bewusst, was Sie wissen möchten. Wie lautet Ihre Frage an das Leben? An Ihre eigene Seele? Je deutlicher Ihre

Achtsam mit Worten umgehen

Bei der schamanischen Arbeit spielen Worte zunächst eine große Rolle, wenn wir die Absicht für eine Reise formulieren. So wird man nach ein bisschen Überlegen vielleicht gar nicht mehr sagen: Was kann ich tun, um reich, schön und erfolgreich zu werden? Man wird eher fragen: Was kann ich tun, um meine persönliche Kraft zu finden und ihre individuelle Ausprägung zu leben?
Auch im Ergebnis der Reise, mit der dort erhaltenen Seelenerinnerung, können Worte wieder wichtig werden, wie das letzte Kapitel (siehe S. 77ff.) genau zeigen wird: Wer möchte, notiert sich das Geschehene, manche merken es sich dann auch genau darüber im Alltag. Auch hierbei ist es sehr wichtig, die Worte behutsam auszuwählen und lieber nicht zu viel zu sprechen oder zu schreiben. So wird dem Erleben mehr Raum gegeben.

Frage für Sie selbst gestellt ist, umso besser können Sie natürlich verstehen, was als Antwort erscheint. Formulieren Sie sie also achtsam und verändern Sie sie so lange, bis sie für Sie vollkommen stimmig ist.

Eine Seminarteilnehmerin brachte für einen Mann folgenden Satz von der Reise mit: »Jetzt weiß ich, dass ich nicht so viele Dinge brauche. Eigentlich nur mich selbst.«

Worte und Wünsche – wichtig ist der Sinn dahinter

Worte haben eine enorme Kraft, und deshalb sollte man sehr sorgsam mit ihnen umgehen. Etwas in Worten zu formulieren bedeutet auch, die eigene Vorstellung davon klar zu fokussieren und im Aussprechen gewissermaßen auf eine Bedeutung festzulegen. So ist es beispielsweise heute ein allgemein verbreiteter Wunsch, schön zu sein. Das Wort »schön« bedeutet aber für jeden etwas anderes. Auch das Gefühl, was es für einen selbst eigentlich bedeutet, schön zu sein, kann ganz individuell sein. Es muss überhaupt nichts damit zu tun haben, wie die aktuell üblichen Models auf dem Laufsteg aussehen. Es lohnt sich also, beim Formulieren der Reiseabsicht den Sinn zu ergründen, den die gewählten Worte für Sie persönlich haben.

Worte erschaffen Realität

Mit Worten erschaffen wir immer auch eine Realität – mit Worten kann manipuliert und herabgesetzt oder gelobt und gewürdigt werden. Das Wort »Abrakadabra«, das wir als Kinder sicher alle gern benutzt haben, stammt aus dem Aramäischen und bedeutet übersetzt: »Ich erschaffe mit Worten die Welt.« Wenn wir uns dies klar verdeutlichen, wird in uns sicherlich das Bedürfnis entstehen, mit Worten sehr bewusst umzugehen. All die Flüche im Alltag, die Zuschreibungen von nicht zutreffenden Eigenschaften auf uns selbst und unsere Mitmenschen, überhaupt das ganze unbewusste Geplauder und Dauergerede wird uns dann als unnötig und oftmals sogar schädlich bewusst.

Die Entwicklung beginnt lange vor der Reise

Ihr Inneres bereitet sich – oder besser: bereitet Sie – intensiv darauf vor, die Seelenerinnerung zu erhalten. Vielleicht begann der Prozess schon, bevor Sie zu diesem Buch griffen. Wenn Sie es aber bis hierhin gelesen haben und wissen: Ja, das ist etwas für mich, dann sind Sie schon mittendrin. Sie bewegen sich bereits mit großen Schritten auf Ihre Seelenerinnerung zu – auch wenn Sie die Reise selbst noch nicht unternommen haben. Sie lesen darüber, Sie denken daran, Sie assoziieren, Sie erinnern sich, was Ihnen Freude macht, und vieles mehr.

Eine Klientin bat Abend für Abend um einen Traum für die Integration ihrer Seelenerinnerung. Irgendwann bekam sie das Bild einer Blumenwiese, auf der sich nach und nach die schönsten Blüten entfalteten. Mit diesem Bild integrierte sie nach der Reise ihre Seelenerinnerung in ihren Körper: Sie wurde zu der Blumenwiese, und an ihrem ganzen Körper erblühten die Blumen.

Vorbereitung in Träumen

Um sich innerlich auf allen Ebenen noch tiefer auf dieses Vorhaben einzustimmen, können Sie es auch bewusst vorbereiten. Vor allem empfiehlt sich das bei Reisen zu größeren Themen. Sie können Ihr Unbewusstes beispielsweise abends um einen Traum bitten, der Sie bereits auf Ihre Seelenerinnerung einschwingt. Vielleicht erinnern Sie sich an eine Traumsequenz, vielleicht an ein einzelnes Bild oder ein Gefühl, das von der Nacht übrig ist. Auch wenn Sie nichts dergleichen erinnern können, so hat Ihnen auch diesmal die Absicht dazu verholfen, dass sich Ihr Unbewusstes bereits darauf einstimmt, dass Sie auf dem Weg zu Ihrer Seelenerinnerung sind.

Bilder für die Integration in den Körper

Es lohnt sich besonders, ganz speziell um einen Traum zu bitten, der Ihnen zeigt, wie Sie Ihre Seelenerinnerung später in Ihren Körper integrieren können. Ihr Unbewusstes beschäftigt sich dann schon auf eine intensive Weise mit diesem Aspekt, wie Sie Ihre Seelenenergie später in jeder Ihrer Körperzellen verankern können.

Es ist sehr wichtig, die Seelenerinnerung nach der Reise auf allen Ebenen – also auch auf der körperlichen – zu verankern.

Es leichter werden lassen

Mit solchen Formen der Vorbereitung beginnt ein Entwicklungsprozess in Ihnen, der es der Seele dann letztlich leichter macht, sich Ihnen in ihrer Kraft zu zeigen. Oder der es Ihnen leichter macht, die Botschaften der schamanischen Reise bewusst wahrzunehmen und zu verstehen. Sie verleihen dieser Arbeit und der Seelenerinnerung damit eine größere Wertschätzung und öffnen sich bereits für die Welten außerhalb des Alltäglichen. Ganz allmählich stimmen Sie sich mit allen Ebenen Ihres Seins darauf ein, dass Sie bald zu einem umfassenderen Sein vorstoßen werden. Dafür gibt es noch viele weitere Möglichkeiten.

Symbole zur Vorbereitung

Eine schöne Möglichkeit ist es, das Krafttier um ein Symbol zu bitten, das Sie an Ihr Vorhaben erinnert. Oder Sie gestalten bewusst ein kleines Ritual: Gehen Sie beispielsweise in der Stadt spazieren und achten Sie darauf, was Ihnen begegnet. Nehmen Sie das, was Ihnen auffällt, was Sie gewissermaßen zu sich ruft, als ein Zeichen in Richtung Ihres schamanischen Vorhabens wahr.
Vielleicht erblicken Sie in einem Schaufenster irgendetwas Spannendes, etwa eine Puppe im Biene-Maja-Kostüm – und dann fällt Ihnen ein, dass die Biene Maja Sie in Ihrer Kindheit viele Jahre lang begleitet hat. Sie füh-

Schaffen Sie sich kleine Rituale

Gehen Sie mit den vielen hier genannten Angeboten kreativ und freudvoll um. Es geht nicht darum, aufwendige Zeremonien abzuhalten; ein kleines Ritual von wenigen Minuten, etwas, das Ihr Herz berührt und Ihnen Freude macht, kann viel wesentlicher sein. Sie öffnen sich damit für Ihre Seelenqualitäten und stimmen sich auf die schamanische Arbeit ein.

len sich berührt und an etwas Wesentliches in sich selbst erinnert. Rufen Sie sich das Bild und die damit verbundenen Gefühle immer wieder ins Bewusstsein.

Sie können auch in die Natur gehen und um ein Zeichen bitten, das Sie bereits auf die Seelenerinnerung einstimmt. Vielleicht liegt dann ein besonders schönes Blatt oder eine Blume auf Ihrem Weg, ein Stein oder eine Muschel, vielleicht auch irgendetwas, was ein Mensch weggeworfen hat. All dies können Sie zu Hause reinigen, indem Sie es mit Salbei räuchern und an einen besonderen Platz legen, wo es Sie an Ihr großes Vorhaben erinnert.

Sie könnten vieles finden: einen Stein, einen im Sturm heruntergefallenen Ast, einen Tannenzapfen, eine Blüte, die Sie trocknen und aufbewahren können. Oder Ihnen kommt eine herrliche Farbe in den Sinn und gleich darauf ein Edelsteingeschäft, in dem Sie einen Kristall in dieser besonderen Farbe kaufen wollen.

Ein Kraftgegenstand für hinterher

Die Seelenerinnerung ist etwas, was nicht im Bereich der puren schamanischen Arbeit verbleiben soll. Es geht ja darum, sie im Alltag zu leben. Deswegen kann es auch schon Teil der Vorbereitung sein, sich einen Gegenstand zu suchen, in den die Kraft der Seelenerinnerung dann eingehen kann. Er wird Sie im Alltag immer wieder an diese Energie erinnern. Über ihn können Sie sich dann an jedem Ort und jederzeit mit Ihrer Seelenkraft verbinden.

Um einen solchen Gegenstand zu finden, können Sie auch wieder einen Spaziergang machen. Sie können sich aber auch ruhig hinsetzen, die Augen schließen und um ein Bild bitten, das diesen Gegenstand zeigt. Vielleicht erscheint Ihnen dann vor Ihrem inneren Auge eine besonders schöne Muschel, die Sie vor ein paar Jahren vom Strandurlaub mitgebracht haben. Vielleicht sehen Sie eine ganz bestimmte Stelle im Park oder im Wald vor sich und wissen, dass Sie auf einem Spaziergang genau dort nachsehen sollten.

Einen heiligen Raum schaffen

Die wesentlichen Veränderungen bei einer schamanischen Reise zur Seelenerinnerung geschehen in Ihrem Inneren. Dennoch ist auch das Äußere beteiligt: Über einen heiligen Raum schenken Sie der Seelenerinnerung und Ihren geistigen Helfern eine größere Wertschätzung – und damit auch sich selbst und Ihrem Weg der Ganzwerdung.

Eine Klientin nahm als Seelenerinnerung ein prachtvolles rosafarbenes Kleid in Empfang, verbunden mit der Botschaft, sich selbst stärker durch ihr Äußeres und ihre Kleidung auszudrücken – lustvoll und in Verbindung mit der eigenen inneren Kraft.

Der Altar

Vielleicht haben Sie sich eine Art Altar neben dem Platz aufgebaut, an dem Sie reisen. Gerade wenn Sie eine für Sie sehr große, vielleicht den ganzen Lebensabschnitt oder sogar das ganze Leben betreffende Seelenerinnerung zurückholen wollen, empfiehlt sich das. Denn dort können Sie Gegenstände platzieren, die diese uralte Seelenkraft bereits einladen. Das können neben den eben beschriebenen Dingen auch Fotos oder Erbstücke Ihrer Ahnen sein, Bilder aus Ihrer Kindheit, die Sie mit etwas besonders Schönem in Verbindung bringen. Auch Kerzen, Räucherwerk oder Kristalle können Ihren Altar schmücken.
Dieser Platz sollte Sie einladen, sich immer einmal wieder dorthin zu setzen und zur Ruhe zu kommen. In diesen kleinen Momenten der Besinnung wollen Sie dann vielleicht einen Ihrer Kraftgegenstände in die Hand nehmen und einfach spüren. Wenn dies ein besonders gemustertes Tuch ist, können Sie es natürlich auch um den Hals oder als Gürtel tragen, um mit Ihrer schamanischen Unternehmung verbunden zu sein.

Die innere Haltung

Einen heiligen Raum schafft man nicht nur außen, sondern auch innerlich: im Geist und in der Gefühlswelt. In der Vorbereitung auf die Reise sind Klarheit und Offenheit die wesentlichen Punkte: Klarheit in der Formulierung der Absicht und zugleich Offenheit für alles, was geschehen mag. Das bedeutet auch, dass Sie sich keine Vorstellung davon machen brauchen, was nun bald passieren könnte. Überlassen Sie es einfach Ihren geistigen Helfern und der kosmischen Ordnung, worin die Antwort auf Ihre Fragen an das Leben bestehen wird. Nur so ist es möglich, den

Die Absicht im Bewusstsein halten

Rücken Sie direkt vor der Reise die Idee, was an Leidenschaft in Ihrem Leben oder zu Ihrem Reisethema da sein könnte, noch einmal in Ihr Blickfeld. Dabei können Sie auch zu erspüren versuchen, wie Sie sich fühlen würden, wenn Ihre ureigene Kraft wieder bei Ihnen ist. Damit wird der Fokus für Sie selbst viel deutlicher.

Radius der eigenen Bewusstheit zu erweitern und über das hinauszugelangen, was Ihnen bisher schon bewusst und bekannt ist.

Die Kraft einladen

Vor jeder Art von schamanischer Arbeit steht die Einladung an die Kraft. Dabei wird gewissermaßen die Energie gesammelt, die es Ihnen ermöglicht, sich wirklich auf sich selbst, auf Ihr tieferes Inneres und letztlich auf die kosmische Ordnung zu fokussieren. Zugleich ist es eine mentale und auch emotionale Öffnung, die notwendig ist, damit Sie das, was Ihnen dann im Ritual oder auf der Reise begegnen mag, verarbeiten, verstehen und in Ihr Leben integrieren können.
Bitten Sie also Ihr Krafttier oder einen anderen geistigen Helfer zu sich und unterbreiten Sie ihnen Ihr Vorhaben. Dann werden sie Sie auf der Reise zu Ihrer Seelenerinnerung unterstützen.

Die Vorschläge zur Vorbereitung Ihrer Seelenreise haben sich in meiner täglichen Praxis und in meinen Seminaren bestens bewährt. Sie können sie aber jederzeit auch gern abwandeln.

Die Praxis der eigentlichen Reise

Nachdem Sie Ihren heiligen Raum geschaffen und die Kraft eingeladen haben, sind Sie bereit für die eigentliche Reise zu Ihrer Seelenerinnerung. Dafür starten Sie innerlich von einem Platz in der Natur aus, den Sie gut kennen und mögen, den Sie sich aber auch selbst ausdenken und ausmalen können. Sie legen sich ruhig und entspannt hin, nehmen ein paar tiefe Atemzüge und kommen völlig zur Ruhe. Innerlich wiederholen Sie nun noch einmal die Absicht Ihrer gleich beginnenden Reise. Wenn Sie so weit sind, lassen Sie die Trommel beginnen – ob von CD oder von einer Begleitperson geschlagen.

Hinauf ins Licht

Hören Sie Track 3 der beiliegenden CD, um sich bei der Reise zu Ihrer Seelenerinnerung unterstützen zu lassen.

Sie steigen nun ganz allmählich nach oben auf. Vielleicht fliegen Sie mit Flügeln, vielleicht schweben Sie einfach nach oben, immer höher, bis Sie den Platz in der Natur unter sich sehen können, bis Sie die ganze Umgebung unter sich sehen können, die ganze Region, das Land, den gesamten Kontinent. Sie steigen immer weiter nach oben, bis Sie die ganze Erde in ihrer Sanftheit und Schönheit unter sich sehen. Sie steigen dem Licht entgegen, den Sonnenstrahlen, dem Licht aus dem All, immer weiter nach oben in Richtung der Sterne. Und bald tauchen Sie ein in die Unendlichkeit des Kosmos, Sie reisen zwischen all den Sternen durch das All. Sie nehmen eine Lichtquelle wahr, die Sie zu sich hinzieht. Sie reisen dorthin, mitten in dieses Licht des großen Ganzen, des Göttlichen hinein – in einen Bereich, den es bereits gab, lange bevor Sie auf diese Erde gekommen sind. Und dort wird Ihre Seelenerinnerung Sie erwarten.

Alles ist möglich

Nun kann Ihnen alles Mögliche begegnen, das ist gänzlich unbegrenzt. Menschen, die stark visuell veranlagt sind, können beispielsweise Land-

Die Arten der Wahrnehmung

Natürlich gibt es immer wieder Menschen, die auf der Reise nichts sehen, hören oder auf irgendeine andere Weise so wahrnehmen, dass sie es nachher im Bewusstsein hätten und mental damit etwas anfangen könnten. Dennoch war die Reise nicht umsonst. Es ist wichtig zu verstehen, dass man sich allein durch die Absicht, diese Reise zu unternehmen, bereits mit der Kraft aus der Seelenerinnerung verbunden hat. Indem man diese Reise unternimmt, geschieht etwas im eigenen System: Die Kraft wird bereits aktiviert und steht für das weitere Leben zur Verfügung. Das bewusste Wahrnehmen von irgendetwas Greifbarem während der Reise kann sich schon beim nächsten Mal einstellen, vielleicht aber auch nicht – vielleicht ist es für Bilder noch zu früh. Möglicherweise sind Sie ein Mensch, der auf eine ganz andere Weise lernt. Akzeptieren Sie, was geschieht, vertrauen Sie der geistigen Welt.

Lassen Sie sich führen und geben Sie sich bei der Reise zur Seelenerinnerung vertrauensvoll einer höheren Macht hin. Seien Sie offen für alles, was geschieht.

schaften wahrnehmen, Symbole oder Wesen erkennen, vielleicht etwas Geschriebenes. Sie werden vor dem inneren Auge das sehen, was für Sie jetzt im Zusammenhang mit Ihrer Absicht steht. Auditive Menschen hören vielleicht Stimmen, nehmen Musik wahr, Geräusche aus der Natur oder etwas ganz Neues, nie Gehörtes. Andere fühlen oder spüren, dass etwas geschieht. Das ist individuell sehr verschieden – vollkommen gleich gültig und gleichwertig.

Bei Ihrer Reise zur Seelenerinnerung kann wirklich alles geschehen und wahrnehmbar werden. Es können etwa Erinnerungen an irgendetwas von früher auftauchen, die Sie genau damit verbinden, was Ihre Seele auf dieser Erde möchte. Es kann etwas Symbolhaftes sein, eine Farbe, ein Wort, ein Lachen, ein surrealistisches Bild, das Gefühl vollkommener Geborgenheit – es gibt so viele Varianten, wie es Menschen gibt. Und auch von Lebensphase zu Lebensphase kann es unterschiedlich sein. Nicht die eigene Vorstellung bestimmt, was erscheinen und passieren wird, sondern allein die größere Kraft, der Sie sich anvertrauen, wenn Sie die schamanische Reise beginnen.

Eine Klientin erhielt als Seelenenergie die Trauer – und war sehr froh darüber. Denn nun konnte sie sich endlich erlauben, dieses Gefühl zuzulassen. Für sie war es die Kraft, mit der sie Vergangenes verarbeiten und verabschieden konnte, um frei für Neues zu werden.

Zurück in die alltägliche Welt

Wenn Sie sich ausgiebig mit Ihrer Seelenerinnerung bekannt gemacht haben, sie gefühlt haben, sie tief innerlich erfahren haben, dann begeben Sie sich auf die Rückreise. Sie reisen wieder auf die Erde zu, auf Ihren

Verborgene Schönheit entdecken – während Ihrer Reise zur Seelenerinnerung ist alles möglich.

Kontinent, Ihr Land, Ihren Landstrich, bis Sie wieder an dem Platz in der Natur landen, von dem aus Sie gestartet sind. Nun kommen Sie wieder in Ihrem Körper an, atmen tief durch, recken und strecken sich. Es ist gut, sich jetzt viel Zeit zu lassen, damit das Erlebte nachwirken kann. Spüren Sie dem nach, was Sie erfahren haben.

Vielleicht steht Ihnen nach der Reise zur Seelenerinnerung auch der Sinn danach, heftig zu tanzen, wild auf den Boden zu stampfen oder Ihren Körper auf eine ungewöhnliche Weise zu bewegen.

Die Heimkehr in den Körper

Um die Seelenerinnerung im weiteren Leben fruchtbar werden lassen zu können, ist es notwendig, sie nicht nur emotional und vielleicht auch mental angenommen zu haben, sondern sie auch im Körper zu integrieren. Dies ist der vierte Aspekt, der vierte Bestandteil des kompletten Pakets der Reise zur Seelenerinnerung. Hierbei geht es darum, das erhaltene Symbol, den Klang, die Farbe, das Gefühl – was auch immer als Seelenerinnerung auftauchte – tief im Körper zu verankern. Spüren Sie es richtig physisch in sich, erleben Sie, wie es jede Zelle ausfüllt, wie es ganz in Ihrem Körper ankommt und sich von dort aus entfaltet.
Integrieren Sie Ihre Seelenerinnerung auf jeden Fall, auch wenn Sie vielleicht etwas erinnert haben, was gar nicht so konkret ist, und auch, wenn sich vielleicht gar nichts für Sie Wahrnehmbares und bewusst Erfahrbares

gezeigt hat. In diesem Fall ist es beispielsweise eine schöne Übung, wenn Sie selbst zu einem Mandala werden. Sie setzen oder legen sich entspannt hin und erspüren von Ihrer Mitte aus, wie sich Ihre Seelenerinnerung in Ihnen ausbreitet, wie sie allmählich immer größer und umfassender wird, wie sie Ihr ganzes Wesen umfasst und erfüllt. Dabei erfahren Sie sich in Ihrer vollständigen Ganzheit, in Ihrer reinsten Schönheit und in all den Facetten Ihrer Kraft.

Die Reise in den Körper

Die Heimkehr in den Körper, die Integration der Seelenerinnerung im Physischen, ist eine Reise zu sich selbst, tief ins eigene Innere hinein, in die Verbindung mit der Seelenenergie. Es ist wichtig, dies wirklich im Körper zu spüren, und nicht wieder mit dem Geist aus dem Körper heraus an einen anderen Ort zu reisen. Denn gerade die Verankerung im Körperlichen ist das, was die Seelenerinnerung über dieses Ritual hinaus in Ihrem Leben und Alltag wirksam werden lassen kann. Durch diese Integration kann sich der Körper selbst erinnern, dass er diese Kraft hat, dass er Träger dieser Seelenenergie ist.

Hören Sie Track 4 der beiliegenden CD, um die Erfahrung zu integrieren.

Fragen Sie sich etwa ganz konkret: Wie fühlen sich meine Füße an, wenn ich die Seelenenergie in mir spüre? Wie stehe ich auf dem Erdboden, wenn ich diese Kraft erinnere? Wie atme ich im Bewusstsein dieser Seelenessenz? Wie fühlt sich die Aufrichtung in meinem Rücken an, wie trage ich meinen Kopf?

Die vier Phasen der Seelenerinnerung

Noch einmal kurz zusammengefasst sind dies die vier Elemente der Methode der Seelenerinnerung:

- Einen geistigen Helfer finden oder neu einladen
- Altes loslassen, z. B. mit dem Knochentanz (siehe S. 62)
- Die schamanische Reise selbst
- Die Integration der Seelenerinnerung in den Körper

Alle vier Elemente lassen sich wirksam auch einzeln nutzen, je nachdem, was Ihr Anliegen ist. Um eine Seelenerinnerung – vor allem zu einem größeren Thema – zu erhalten, bietet es sich allerdings an, sie alle vier nacheinander zu erleben.

Leben mit der Seelenerinnerung

Sie haben Ihre Seelenerinnerung entdeckt und in den Körper integriert. Wenn es Ihnen so wie vielen meiner Klienten geht, hat Sie diese Erfahrung sehr berührt. Vieles erscheint nun in einem anderen Licht.
Die Worte, die Sie gesprochen haben, als Sie Ihre Absicht für die Seelenerinnerung erklärten, sind jetzt noch genauso wichtig. Es ist ganz wesentlich, diese Worte und alles, was auf der Reise geschehen sein mag, besonders achtsam zu behandeln und ihm mit großer Wertschätzung zu begegnen. Dann kann es sich frei entfalten.

Das Erlebte verstehen

Nicht immer versteht man sofort, was einem die Seelenerinnerung sagen will. Geduld und Achtung vor dem Geschehen sind dann die beste Maxime. Der Sinn hinter dem, was Sie erhalten haben, erschließt sich Ihnen im Laufe der Zeit schon allein dadurch, dass Sie es ernst nehmen und darauf vertrauen, dass es als Erfahrung und Symbol etwas Bedeutsames für Ihr Leben und Wachsen enthält.

Eine Klientin rätselte, was wohl das Zebramuster zu bedeuten hat, das sie auf der Reise erhielt. Bis sie im Urlaub auf Bali Tänze sah, bei denen es um den Kampf der guten und der bösen Kräfte geht. Ein solcher Tanz endet, wenn beide Kräfte ausgeglichen sind. Denn Schwarz und Weiß gehören zum Leben – wie zum Fell des Zebras.

Lassen Sie den Zauber bestehen

Bleiben Sie auch nach der Reise in einer Haltung der Offenheit – allem gegenüber, was Sie bei dieser Arbeit erfahren. Das schützt Sie auch davor, es mit dem Verstand, mithilfe des rationalen Analysierens zu zerstören. Schließlich ist das Bewusstsein für Ihre Seelenerinnerung ein kleines Pflänzchen, das sich im emotionalen Bereich gerade zu entwickeln begonnen hat.
Gerade wenn Sie nicht verstehen, was Ihnen das Geschehen auf Ihrer Reise sagen will, sollten Sie anfangs kaum darüber reden. Denn zu viele Worte bringen das Erlebte, was sich ja eher auf einer emotionalen und seeli-

schen Ebene abspielte, allzu schnell in den Kopf. Und dort wird es dann sofort umgedeutet und in bereits bekannte Schubladen einsortiert. So kann es seine Kraft verlieren, die Sie weit über den bisher bekannten Tellerrand hinausgeführt hätte.

Die Krafttiere um Hilfe bitten

Ihre geistigen Helfer stehen Ihnen auch zur Seite, wenn Sie verstehen wollen, wofür Sie das Erhaltene nutzen können. Laden Sie also wieder die Kraft ein, bitten Sie Ihre Krafttiere um Hilfe, machen Sie vielleicht sogar eine schamanische Reise (nach dem Ablauf von S. 53 und S. 75) mit der Fragestellung: Was hilft mir, meine Seelenerinnerung zu verstehen und im Leben umzusetzen? Sie können auch wieder um einen Traum hierzu bitten oder sich für einen Spaziergang vornehmen, alles Geschehen als Antwort auf diese Frage anzusehen. Im Folgenden finden sich weitere Vorschläge, wie Sie mit der Seelenerinnerung umgehen können. Sie lohnen sich auch, wenn Sie das Erlebte noch nicht verstehen – sie helfen Ihnen sogar dabei. Wer bereits ein klares Verständnis für seine Seelenkraft hat, kann sie auf diesen Wegen bewusst in den Alltag einladen.

Da sie sich vorrangig als Coach sah, konnte eine Klientin zunächst gar nicht viel mit dem Salamander anfangen, den sie als Zeichen für ihre Begabung zum Heilen erhielt. Nach einigen Jahren aber merkte sie, dass sie seither viel mehr Heilaspekte in ihre Arbeit einfließen ließ – und damit glücklich und erfolgreich war.

Sich selbst neu erfinden

Dieses Symbol, diese Worte, dieses Gefühl der Seelenerinnerung ist etwas, was Ihnen zeigt, wie Sie für dieses Leben gedacht sind. Das gibt Ihnen die faszinierende Möglichkeit, sich ganz neu zu erfinden. Wobei neu hier eigentlich uralt und nur neu erinnert bedeutet. Erfinden Sie sich so, wie Sie ursprünglich sein wollten. Damit müssen Sie auch nicht mehr so sein, wie Sie nach Jahren der Konditionierung und Anpassung geworden sind. Behalten Sie nur das, was Ihnen wirklich gefällt und entspricht.

Die Erfahrung aufschreiben

Oftmals werden einem Dinge erst dann so richtig klar, wenn man sie ausspricht. Wenn man in Worte kleiden und jemand anderem verständlich machen muss, was man bislang vielleicht nur vage empfunden, aber noch nicht ins Mentale übersetzt hat. Im Erzählen wird aus den Bildern und Empfindungen eine wirkliche Geschichte. Die gibt dem Erzähler eine solide Basis, es erinnert vor allem ihn selbst an sein Potenzial.

Eine Geschichte für das eigene neue Leben schreiben

Schamanische Reisen sind Arbeit mit der Kraft – deshalb sind sie Realität.

Wenn Sie eine solche Geschichte schreiben wollen, können Sie sich völlig frei inspirieren lassen, wie sie aussehen soll.

- Vielleicht wollen Sie einen Tag beschreiben, den Sie in der vollkommenen Präsenz Ihrer Kraft erleben: Was würden Sie auf dieser Erde alles ändern? Oder wenn Sie bescheidener sein wollen: Was würden Sie Ihrem Chef am Montagmorgen sagen? Was würden Sie in Ihrem Leben jetzt anpacken?
- Oder Sie schreiben, wie es Ihnen in drei Jahren gehen wird, wenn Sie diese wiederentdeckte Kraft in Ihrem Leben zu vollkommener Blüte gebracht haben.
- Besonders lustig ist es, eine Abenteuerstory zu schreiben, in der Sie die Hauptfigur sind. Es ist Ihre Geschichte, die Sie so zeigt, wie Sie mit Ihrer ganzen Leidenschaftlichkeit und Kreativität sein könnten. Das kann eine Geschichte sein, in der Sie diese Kraft, die Ihnen als die Ihre gezeigt wurde, überdimensional stark besitzen: eine Story von Super man oder Superwoman, mit Humor und Augenzwinkern.

Wenn Sie eine solche Geschichte von sich selbst im Geist ersinnen oder wirklich aufschreiben, ist das eine sehr intensive Annäherung an Ihre neue Kraft, an die Kraft, die Ihnen schon immer zu eigen, aber stark ver-

Die Essenz zählt

Es muss beim Schreiben nicht um kleinste Details gehen. So sah beispielsweise die kleine Erzählung einer Kursteilnehmerin aus: »Ich war als Lichtstrahl im Universum unterwegs, bewegte mich mitten durch blitzenden Sternenstaub. Plötzlich fiel ich in ein dichtes weiches Wolkenbett, in dem ich mich wunderbar geborgen fühlte. Diese Geborgenheit, das ist die Essenz meines Lebens, und jetzt verstehe ich, dass ich diese Geborgenheit in mir selbst für mich finden kann. Außerdem bin ich fähig, anderen liebevoll Geborgenheit zu vermitteln. Das ist mein Geschenk an andere.«

schüttet war. Diese Art des Erzählens hilft Ihnen vor allem auch, sich vollkommen bewusst zu machen, dass Sie dieses Potenzial wirklich besitzen. Was Sie auf der Reise erlebten, war kein Hirngespinst, es war auch kein Traum! Es verband Sie mit der ureigenen Kraft Ihrer Seele. Eine solche Geschichte aktiviert die Kraft in Ihnen jedes Mal neu, wenn Sie an ihr feilen oder sie lesen.

Worte bringen Ihre Kraft in die Welt

Wieder gelangen wir zu der Feststellung, dass Worte äußerst machtvoll sind. Indem Sie, humorvoll oder auch berührend und gefühlvoll, die innigen und wahren Facetten Ihres Seins in Worte kleiden, manifestieren Sie diese auch stärker. Indem Sie das aufschreiben, sich selbst oder jemand anderem erzählen, bringen Sie diese Kräfte gewissermaßen in die Welt. Sie erzählen, wie anders Sie jetzt sind und sein werden. Vielleicht erzählen Sie es wirklich einem Gegenüber, dem Sie vertrauen, Ihrer besten Freundin oder Ihrem Partner, oder eben dem Computer, einem Blatt Papier oder dem Tagebuch. Vor anderen etwas auszusprechen oder es lesbar zu machen, schafft Zeugen, die diesem Geschehen noch mehr Halt in der alltäglichen Wirklichkeit geben.

Im Indianischen ist es Tradition, ein Ritual oder eine wesentliche Begebenheit mit jemand anderem zu teilen: »to witness« heißt »es bezeugen« und damit als Energie stärker werden zu lassen.

Der eigene Schöpfungsmythos

Die Seelenerinnerung ist etwas, was da war, bevor Sie selbst auf dieser Erde Gestalt annahmen. Deswegen ist es eine sehr schöne Umgangsweise damit, seinen eigenen Schöpfungsmythos zu kreieren. Jede Kultur kennt ihren Schöpfungsmythos – da gibt es die Edda oder das Alte Testament und viele, viele andere. Sie fügen diesen Werken nun in aller Bescheidenheit Ihr eigenes hinzu.

Lassen Sie sich von dem Symbol oder der Energie oder dem Wort Ihrer Seelenerinnerung inspirieren und beschreiben Sie, wie Ihre eigene Welt, Ihr Leben, Ihr Sein entstand. Vielleicht aus einem Regenbogen, der plötzlich in der Weite des Himmels auftauchte. Vielleicht formte sich Ihr Sein aus verschiedenen, weit voneinander entfernt lebenden Sternen, die sich in Liebe verbinden und vereinen wollten.

Durch die Seelenerinnerung werden Sie zur Schöpferkraft, und damit können Sie Ihr Universum erschaffen – Sie kreieren eine Welt. Indem Sie deren Mythos beschreiben, nehmen Sie Ihre neu erinnerte Kraft an. Damit werden Sie zu dem Schöpfer, der Sie sind. Sie sind Ihre eigene Autorität geworden. Denn durch diese Reise ist ein Bewusstsein dafür entstanden, dass Sie, so wie jedes andere Wesen auch, das Göttliche in sich haben – Sie haben ein Symbol oder ein Wort, eine Farbe oder ein Gefühl dafür erhalten und es in Ihren Körper integriert. Nun sind Sie dabei, es auch in Ihrem alltäglichen Leben Fuß fassen zu lassen. Und für dieses Leben können Sie auch den Mythos seiner Entstehung in die Welt bringen.

Traditionell singt jeder Schamane bei seiner Arbeit seine persönlichen Kraftlieder. Sie müssen nicht auf verständlichen Worten basieren, um wirken zu können. Angaangaq Lyberth etwa formt aus Silben seines Eskimo-Dialekts Gesänge, die für uns ganz fremd klingen. Der Same Ailo Gaup hingegen »joigt«.

Kleine persönliche Kunstwerke

Es müssen nicht Worte sein, mit denen Sie Ihrer Seelenerinnerung Ausdruck verleihen. Jedes andere Medium eignet sich ebenfalls – vorausgesetzt, es macht Ihnen Freude und ruft Sie förmlich zu sich.

Klänge, Lieder, Mantras

So können Sie auch ein Lied oder ein Mantra entstehen lassen. Vielleicht haben Sie Worte auf Ihrer Reise bekommen, die Sie immer wieder vor sich hin sagen und aus denen sich irgendwann eine kleine Melodie ergibt. Die können Sie summen oder singen, um Ihre Seelenenergie nach außen zu tragen. Vielleicht ist es nur ein ganz kurzes Lied, Ihr persönliches Mantra, das die Kraft Ihrer Seele spürbar werden lässt, sobald Sie es singen. Dann sitzen Sie vielleicht morgens in der S-Bahn inmitten all der müden und traurigen Gesichter. Sie erinnern sich an Ihr Lied, innerlich tönt es, es verbindet Sie mit Ihrer Kraft – und auf Ihr Gesicht zaubert sich ein Strahlen, das alle Müdigkeit verscheucht.

Die Seelenerinnerung tanzen oder malen

Auch ein Tanz, eine bestimmte Geste oder Körperhaltung ist möglich. Sie können Ihre Seelenerinnerung in jeder Form, die für Sie passend erscheint, in Ihr Leben und Ihren Alltag bringen. Besonders verstärkend kann eine Geste sein oder auch eine Übung aus dem Qi Gong, die Sie täg-

Es ist sehr wichtig, das, was sich während der Reise zur Seelenerinnerung gezeigt hat, hinterher festzuhalten und als Symbol in den Alltag zu integrieren.

lich machen, um sich daran zu erinnern, wer Sie sind. Eine Klientin beispielsweise strich sich beim Anziehen jedes Mal bewusst über Hüften und Po, um ihre Weiblichkeit zu ehren und sich daran zu freuen.
Sie können der Seelenerinnerung natürlich auch in Form einer Zeichnung, eines Gemäldes oder einer Collage Ausdruck verleihen, ganz wie Sie möchten. Tun Sie einfach das, wozu Sie sich hingezogen, wovon Sie sich inspiriert fühlen. Auch mit Gegenständen aus der Natur lassen sich persönliche Kunstwerke gestalten. Ein solches Objekt kann in Ihrer Wohnung oder Ihrem Büro einen schönen Platz bekommen, an dem es Sie – als eine Art Ikone – immer wieder mit Ihrer Seelenerinnerung, mit Ihrer ureigenen Kraft verbindet.

Charisma entsteht, wenn jemand genau die Person ist, genau das Wesen in jeder Faser seines Seins ist, das er wirklich ist, indem er dies weiß, ausstrahlt, bewusst lebt und ausdrückt.

Rituale der Kraft

Über all das hinaus gibt es Rituale, die Ihnen helfen, mit der Seelenerinnerung in Verbindung zu bleiben, sie zu würdigen und Ihrem Leben damit neuen Schwung zu verleihen. Sie können eine schamanische Reise unternehmen, bei der Sie Ihr Krafttier oder ein anderes Helferwesen bitten, Ihnen ein geeignetes Ritual vorzuschlagen. Auf diese Weise kommen oft die erstaunlichsten und zum Teil auch lustigsten Varianten zustande.

Ein verrücktes Ritual

Ein Manager beispielsweise fragte seine Krafttiere nach einem Ritual, mit dem er seine Seelenenergie in sein Leben integrieren könne. Er bekam die Aufforderung, einmal täglich im Büro von seinem Schreibtisch zu springen. Am Anfang bereitete ihm das große Schwierigkeiten – er kam sich ausgesprochen blöd vor. Nach und nach entdeckte er aber interessante Facetten in dem Ritual, und vor allem half es ihm, seinen Körper wieder zu spüren. In Verbindung mit diesem kleinen täglichen Ritual kamen ihm eine Menge Ideen und Einsichten. Außerdem lernte er, mit diesem einen Sprung immer die gerade vorhandene Emotion zu verbinden, sie somit wahrzunehmen und auszudrücken.
Der Akt, auf dem Schreibtisch zu stehen und herunterzuspringen, ist immer der gleiche. Doch das, was im Inneren passiert, verändert sich im Laufe der Zeit. Am Anfang fühlte er sich auf seinem Schreibtisch nicht besonders wohl. Etwas später war er dort schon heimischer, und es machte ihm Spaß, unliebsame Arbeiten darauf mit Füßen treten zu können. Und noch etwas später spürte er plötzlich die Wertschätzung für das, was da lag, was Teil seines Lebens war und ihm seinen Lebensunterhalt einbrachte. Es lohnt sich also, ein solches Ritual wirklich über längere Zeit und täglich auszuführen und dabei zu beobachten, was sich in der Wahrnehmung und in der eigenen Haltung zu den Dingen verändert.

Wenn Ihnen Ihre Krafttiere ein noch so erstaunliches Ritual vorgeschlagen haben – probieren Sie es aus!

Auch Unspektakuläres wirkt

Es können aber auch ganz kleine und unspektakuläre Dinge sein, die sich als Ritual erproben lassen: Wenn Ihr Symbol beispielsweise ein Schlüssel ist, dann kann das Ritual darin bestehen, dass Sie jeden Tag ganz bewusst Ihre Wohnungstür auf- und zuschließen – dass Sie also mit aller Bewusstheit und Achtsamkeit Räume betreten und verlassen, dass Sie Ihre Räume von denen anderer abgrenzen, dass Sie fremde Räume achten und dafür sorgen, dass man auch Ihre Räume achtet.
Eine Klientin mit einem Angstsyndrom etwa führte eine Zeit lang ein kleines Abendritual durch, bei dem sie einen schönen Schal noch über ihre Bettdecke legte. Das hat ihr ein beruhigendes Gefühl von Geborgenheit gegeben, ein Gefühl davon, in ihrem Raum, in ihrem Bett, unter ihrer Zudecke geborgen und beschützt zu sein und friedlich und entspannt in den Schlaf sinken zu können.

Dass wir uns immer wieder neu mit der Seelenkraft verbinden können, verleiht uns Sicherheit und Stabilität im Leben.

Sich stets neu mit der Seelenkraft verbinden

Der Körper ist der Spiegel der Seele – und er gibt unserer Seele ein Zuhause.

Im vorhergehenden Kapitel habe ich Ihnen vorgeschlagen, sich greifbare Dinge für Ihre Seelenerinnerung zu suchen. Solche Gegenstände können Sie nach der Reise auch dazu verwenden, die Seelenerinnerung darin zu speichern: Atmen Sie diese Energie in den jeweiligen Gegenstand hinein, lassen Sie sie über Ihre Hände hineinfließen oder bitten Sie ein Krafttier, sie hineinzugeben. Damit erschaffen Sie sich einen Kraftgegenstand, der Sie immer mit Ihrer Seelenenergie verbinden kann. Auch die angesprochenen Lieder oder Texte eignen sich.

- Einen Stein können Sie immer wieder zur Hand nehmen oder in der Hosentasche tragen.
- Ein Tuch können Sie umbinden.
- Ein Gedicht, das Sie geschrieben haben, können Sie immer wieder im Geist oder auch laut sprechen.
- Ein Lied, das Ihnen mit der Seelenerinnerung zugefallen ist, können Sie singen oder still in sich klingen lassen.

Dies alles sind Formen der Erinnerung an die Seelenerinnerung. Auch wenn Sie die schamanische Reise wegen einer körperlichen Erkrankung unternommen haben, können Sie sich damit immer wieder mit Ihrer Seelenkraft verbinden, um weiter genesen zu können.

Die Energie erfahren

Das Beispiel einer Klientin zeigt eine zunächst unerwartete Form der Heilung: Sie bekam auf ihrer Reise wunderschöne Bilder vom Wellenreiten und Surfen. Die Frau hatte aber starke Arthrose und konnte diese Bilder für ihr Leben nicht einordnen. Dann jedoch bemerkte sie die Wellenreiter im Englischen Garten in München, die dort auf der Welle des Eisbachs mit ihren Brettern waghalsig herumsurfen. Von nun an stand sie oft unter den Zuschauern. Die Lebendigkeit und Freude berührten sie – nicht sie selbst sollte diesen Sport ausführen, sondern die Auseinandersetzung mit den Bildern, den Elementen und diesen beweglichen Menschen war heilsam für ihr Körpersystem.

Heilung kann auf völlig unerwartete Weise zu einem Menschen kommen, der sich dafür geöffnet hat.

Ein Fest, um die Seelenerinnerung zu ehren

Ein buntes rauschendes oder ein kleines besinnliches Fest – auch so kann ein schamanisches Ritual aussehen. Wie Sie es gestalten, hängt ganz von Ihnen ab. Auch hier ist alles möglich, so lange es sich für sie stimmig anfühlt und mit der entsprechenden Wertschätzung geschieht.

Jetzt pack ich's an!

Nach einer Reise zur Seelenerinnerung lohnt auch die folgende Übung: Setzen Sie sich entspannt hin und rekapitulieren Sie, wo Sie in Ihrem Leben stehen und was als Nächstes aufgeräumt oder neu eingeladen werden könnte. Vielleicht steht eine Klärung mit einem Freund an, oder Sie wollten schon lange etwas in Ihrer Wohnung umbauen, vielleicht ist es der African-Dance-Kurs, der noch immer auf Ihrer Liste steht. Verbinden Sie sich ganz bewusst mit Ihrer Seelenerinnerung, spüren Sie diese Kraft, die Sie von der Reise mitgebracht haben, in Ihrem Körper. Fühlen Sie sich ganz in diese Energie ein. Lassen Sie nun in sich die Intention entstehen, dieses Vorhaben mit der Kraft Ihrer Seele anzugehen.

Ein Fest für Sie allein

Natürlich können Sie auch ganz mit sich allein ein Fest feiern. Sie können sich beispielsweise einen Tag freinehmen und diesen ganzen Tag mit Ihrer Seelenerinnerung verleben.
Dann machen Sie von früh bis abends alles das, was Sie im Sinne Ihrer Seelenerinnerung glücklich macht. Sie lassen sich treiben, Sie gehen ganz Ihrer Intuition nach, Sie tun das, wonach Ihnen gerade ist. Sie erspüren in der Natur oder an bestimmten Plätzen, zu denen es Sie hinzieht, den Kern Ihres Wesens in diesem Leben. Alles Mögliche, wofür Sie sich sonst nie Zeit nehmen, kann an diesem Tag endlich geschehen. Oder Sie nutzen einen Abend dafür und gestalten eine Party, ganz für sich und Ihre Seelenkraft. Laden Sie Ihre Krafttiere dazu ein, dann haben Sie sogar temperamentvolle Tanzpartner!

Gerade wenn Sie Ihr Krafttier tanzen, kommen Sie ins Spüren, und Ihr Krafttier kann Ihnen dann weitere wertvolle »Spür-Variationen« Ihrer Seelenerinnerung zeigen.

Ein Fest mit Freunden

Sie können mit Freunden feiern, dass Sie ein so wertvolles Stück Ihrer Lebenskraft gefunden haben. Dabei ist es ganz Ihrem Gefühl überlassen, inwieweit Sie den Gästen genau erklären, was geschehen ist. Sie können eine ganz normale Party wie eine schöne ausgelassene Geburtstagsfeier vorbereiten.
Und natürlich können Sie auch ein schamanisches Fest feiern, zu dem auch die Kräfte und Geistwesen eingeladen sind, bei dem getanzt und getrommelt wird, bei dem die Anwesenden in einem Ritual Ihre Seelenerinnerung feiern. Wenn Sie einen Kreis von schamanisch arbeitenden Freunden haben, dann können Sie alle gemeinsamen trommeln und mit den Krafttieren tanzen, um die Seelenerinnerung und die Helfer, die Sie zu ihr führten, zu ehren. Auf jeden Fall kann es ein Fest werden, in dem Sie in aller Bescheidenheit sich selbst feiern, die Kraft, mit der Sie auf diese Erde gekommen sind und die Sie nun endlich richtig zum Einsatz bringen wollen.
Eine weitere Möglichkeit ist, eine Freundin zu bitten, ein kleines Ritual für Sie zu gestalten, über das Ihre Seelenerinnerung gewürdigt wird. Wenn es bei Ihnen um das Thema »Weiblichkeit« geht, dann könnten Sie gemeinsam mit Ihrer Freundin einen Frauentag oder einen Frauenabend gestalten und ein Ritual zur Ehrung der weiblichen Kräfte abhalten – vielleicht bei Vollmond?

Es ist Ihr Leben

Unser Alltag kennt viele unterschiedliche Stimmungen, und nicht alle passen zur Energie der Seelenerinnerung. Doch auch wenn Sie einmal schlecht drauf sind: Lassen Sie nicht zu, dass die Kraft Ihrer Seelenerinnerung nachlässt. Holen Sie sich diese Energie immer wieder bewusst zurück. Möglichkeiten dafür haben Sie in diesem Buch viele kennengelernt. Und bitte denken Sie daran, dass es auch immer wieder seine Zeit dauert, um alte Gewohnheiten zu ändern.

Alles, was vorstellbar ist, ist möglich.

Kleine Schritte

Wir Menschen sind immer schnell dabei, Ausreden zu finden, weshalb wir unser Leben nicht ändern können, weshalb unsere Ziele unerfüllt bleiben müssen – das berühmte »Ja, aber …« Diese Lähmung kann Sie nach der Reise zur Seelenkraft natürlich auch einmal befallen. Wichtig ist es dann, den Mut zu haben, trotzdem kleine Schritte zu tun. Erinnern Sie sich an die Aussage der östlichen Meister: Der Weg beginnt mit dem ersten Schritt. Sie können immer an dem Punkt ansetzen, an dem Sie gerade sind. Sie können immer die kleinen Schritte gehen, die gerade möglich sind. Und irgendein kleiner Schritt in die Richtung Ihrer größten Sehnsucht ist in jeder Situation möglich.

Verleihen Sie Ihrer Seele Flügel. Mit der Reise zur Seelenerinnerung entdecken Sie Ihr wahres Potenzial – und wahre Freiheit.

Die Seelenerinnerung kann Ihnen auch dabei helfen, sich weniger Stress zu machen. Sie ist da. Das ist schon wesentlich. Allein wenn Sie sie sich abends vor dem Schlafengehen ins Bewusstsein rufen und erspüren, kann sie wirken und arbeiten.

Dann kann sie Sie Schritt für Schritt, Schrittchen für Schrittchen führen und viele kleine alltägliche Veränderungen einleiten. Dann ist es Ihnen vielleicht nach ein bisschen Übung möglich, sich ganz auf einen Baum einzulassen und dabei auch Ihre eigene Standfestigkeit auf der Erde und Ihr Emporragen in den Himmel zu spüren. Und das alles im alltäglichen Ablauf und wie nebenbei.

Um etwas im Leben zu verändern, bedarf es oft gar keiner so großen Anstrengung: Etwas mehr Bewusstheit ist bereits ein großer erster Schritt.

Was ist Ihnen wichtig? Prioritäten im Leben setzen

Wesentlich sind für viele Menschen die folgenden Fragen: Inwieweit darf ich meine Kraft ausleben? Darf ich mich beispielsweise abgrenzen? Darf ich auch ab und zu etwas Eigenes machen, auch wenn der Partner es vielleicht belächelt oder gar ablehnt?

Dies ist letztlich eine Frage der Wertschätzung: Ihrer Wertschätzung sich selbst und dem gegenüber, was Sie in Ihrem Leben für wichtig erachten. Auch dabei, sich beispielsweise die Erlaubnis zu geben, jede Woche zum Tanzkurs zu gehen oder dreimal in der Woche in Ruhe zu Hause eine Yoga-Stunde zu machen, kann die Seelenerinnerung helfen. Mit ihr spüren Sie die Kraft aus Ihrem eigenen tieferen Inneren. Und damit wächst die Wertschätzung dessen, was für Sie selbst wichtig oder auch einfach nur schön ist.

Was zählt in Ihrem Leben?

Fragen Sie sich von Zeit zu Zeit immer wieder einmal: Mit welchen Lebensinhalten kann ich eine positive Zukunft leben? Es lohnt, sich ab und an zu überlegen, was wirklich wertvoll für Ihr Dasein ist. Das gilt für den Bereich des Berufslebens und für das Private gleichermaßen. Sie können sich fragen, in welchem kleinen oder großen Teil Ihres Lebens auf dieser Erde diese Inhalte und Werte bereits praktische Gültigkeit erlangt haben. Und wo Sie noch nachlegen können.

Immer wieder neu zur Seelenerinnerung reisen

Nachdem Sie nun die Reise zur Seelenerinnerung recht ausführlich kennengelernt haben, möchte ich noch einmal auf die vielfältigen Möglichkeiten eingehen, für die Sie sie nutzen können. Auf Seite 14f. haben Sie die Einsatzbereiche gesehen, die Sie jetzt, gegen Ende des Buches, auf eine neue Weise einschätzen können. Ob Sie die schamanische Reise zur Seelenerinnerung unternommen haben, weil Sie ein »akutes« Problem hatten oder weil Sie nach einem für Sie stimmigen neuen und größeren Lebensentwurf suchten – immer geht es um die nächsten Schritte in ein sinnerfülltes Leben.

Es gibt für Sie nicht einfach eine einzige Seelenerinnerung. Darum können Sie diese Reise zu ihr auch immer wieder mit den unterschiedlichsten Fragestellungen unternehmen. Stets wird Ihnen dabei die entsprechende Facette Ihrer Seelenkraft begegnen, die Sie aktuell benötigen. Nutzen Sie diese Methode daher so ausgiebig, wie Sie es als sinnvoll empfinden.

Sich selbst ernst und wichtig nehmen, mit allen Freuden, Wünschen und Ängsten – damit kann Heilung beginnen.

Alltägliche Schwierigkeiten

Nutzen Sie die schamanische Arbeit ganz konkret für einzelne Probleme. Wenn Sie beispielsweise momentan Ärger im Büro haben, können Sie alle vier Schritte unternehmen: Sie laden die Kraft ein und äußern dabei die Absicht, diese aktuelle Situation klären zu wollen. Im Knochentanz (siehe S. 62) lösen Sie sich von allem Alten, das damit im Zusammenhang steht. Auf der Reise zur Seelenerinnerung holen Sie sich dann die neue und für diese Situation sinnvolle Kraft, die Sie dann im vierten Schritt integrieren, in Ihren Körper und letztlich auch in Ihr Leben.

Wenn Sie dann am Montagmorgen wieder ins Büro kommen, wird sich die Situation sicherlich ganz anders darstellen. Die Umstände selbst werden sich zwar nicht verändert haben, der Chef hat sich nicht verändert, die Kollegen oder Mitarbeiter haben sich nicht verändert. Und doch wird alles völlig neu sein, weil Sie in sich selbst einen Wandel vollzogen haben, der Sie das Ganze nun anders anschauen lässt und der Sie auch zu einem anderen Handeln befähigen wird. Das alte Störende wurde verabschiedet, und eine neue Kraft, die aus einer höheren Ebene stammt, steht Ihnen nun zur Verfügung. Sie haben sich mit dem verbinden können, was Ihre ureigene Seelenkraft, Ihre göttliche Schönheit ist. Durch den vierten Schritt, die Integration in den Körper, können Sie diese Kraft wirklich in sich spüren und sich auch in Alltagssituationen wie denen im Büro darauf stützen.

Für verschiedene Lebensphasen

Genauso lässt sich die Seelenerinnerung suchen, wenn Sie gerade einen größeren Prozess abgeschlossen haben und wissen möchten, wie es weitergeht. Sie ist aber ebenso sinnvoll, wenn Sie gerade mittendrin stecken, gerade Probleme und Schwierigkeiten haben oder auch wissen, dass ein Prozess angestoßen werden muss – dann kann die Seelenerinnerung die nötige Orientierung und die notwendige Kraft bringen. Auf die gleiche Weise lässt sich die Reise zur Seelenerinnerung in diesen vier Schritten machen, wenn etwas Neues ansteht, etwa in der Vorbereitung auf ein Bewerbungsgespräch.

Nur dadurch, dass wir uns immer wieder verändern und infrage stellen, können wir unser eigenes Wesen weiterentwickeln und uns treu bleiben.

Visionssuche

Auf die Frage nach ihrer Vision für die nächste Lebensphase erschien einer Klientin ein Eisbär. Er stand stumm vor ihr, sah ihr in die Augen und überreichte ihr eine große, saftige Erdbeere. Der riesige kraftvolle Bär wirkte liebevoll und offen und dabei geradezu verletzlich. Die Frau musste an die abschmelzenden Pole denken – und plötzlich spürte sie so tief wie nie zuvor die Verbundenheit von allem, was lebt. Ihr wurde bewusst, dass es für sie darum ging, noch viel stärker mit den geistigen Kräften der Natur zu kommunizieren, immer im Bewusstsein ihrer eigenen Verletzlichkeit und der aller Wesen.
Die Methode lässt sich für kleine Details des Alltagslebens nutzen und genauso für die Lebensvision oder auch die Vision für einen Lebensabschnitt. Für sie ist nichts zu klein und nichts zu groß. Besonders schön ist es natürlich, wenn es jemandem so richtig gut geht, er sich sehr glücklich und erfüllt fühlt und vielleicht auch gern etwas von diesem Glück abgeben möchte. Ein solcher Mensch kann in der Seelenerinnerung noch tiefer zu seiner Essenz vordringen und erfahren, auf welche Weise er ganz seinem Wesen entsprechend in der Welt wirken kann.

Für (fast) jede Lebenslage

Wann immer Sie das Gefühl haben, dass Sie etwas für sich tun wollen, wann immer Sie im Leben oder bei einem bestimmten Thema einen Schritt weiterkommen wollen, aber auch wenn Sie sich schlapp fühlen, Ihnen die Gelenke wehtun oder Sie Bauchschmerzen haben, wann immer Sie sich nicht so richtig wohlfühlen oder mit irgendeinem Gefühl, einer Wut oder Traurigkeit, nicht klarkommen: Fast immer lohnt sich eine dieser Reisen, vielleicht der Knochentanz, vielleicht die Reise zur Seelenerinnerung selbst, vielleicht alle vier im Verbund.

Den Knochentanz (siehe S. 62) kann man auch machen, wenn man sich überfordert und gestresst fühlt, um wirklich alles abzuschütteln, was einen im Moment nervt.

Professionelle Hilfe in Anspruch nehmen

Sie können diese Reise, wie in den einzelnen Kapiteln beschrieben, allein für sich unternehmen. Es gibt aber immer auch die Möglichkeit, sich an einen schamanisch arbeitenden Therapeuten oder eine andere im Schamanischen erfahrene Person zu wenden, damit diese Sie entweder auf dieser Reise begleitet oder sogar die Reise für Sie unternimmt. Solche Angebote können Sie in Anspruch nehmen, wenn Sie es einfach einmal erleben wollen, von jemand anderem geführt oder begleitet zu werden. Und Sie sollten sie sogar in Anspruch nehmen, sobald Sie sich beim Reisen unwohl fühlen, wenn Unsicherheiten auftauchen, wenn es Ihnen mit dieser Arbeit allein einfach nicht gut geht. Ein schamanischer Profi kann Sie auf unterschiedliche Weise unterstützen, er kann Ihnen helfen, den inneren heiligen Raum für die Dauer des Rituals aufrechtzuerhalten oder das Gesehene und Erlebte zu verstehen und zu integrieren. Er kann Ihnen auch eventuelle Ängste nehmen und Sie dahin führen, dass Sie sich frei und freudig auf die nichtalltägliche Wirklichkeit einlassen lernen.

Freunde um Unterstützung bitten

Auch ein Freund oder eine Freundin, die mit der schamanischen Arbeit vertraut sind, können Ihnen bei Ihrer schamanischen Reise helfen. Sie können beispielsweise für Sie trommeln oder während Ihrer Reise einfach mit im Raum sein. Anschließend können sie Ihnen dann zuhören, wenn Sie von Ihrer Erfahrung während der Reise berichten wollen. Diese Person bezeugt dann Ihre schamanische Seelenreise und gibt ihr damit schon eine stärkere Anbindung an die alltägliche Realität, in der sich die Seelenerinnerung dann manifestieren soll. Außerdem können Freunde Ihnen beim Feiern helfen.

Was immer bleibt – Dankbarkeit

Auch im Angesicht von Schwierigkeiten im eigenen Leben und in der Welt das Positive sehen und leben – das ist anfangs nicht leicht. Aber es ist möglich. Mir persönlich hat auf dem Weg dorthin eine Meditation sehr geholfen, die ich seit Jahren fast jeden Abend mache: 21 Gründe für Dankbarkeit. Ich zähle mir also an jedem Abend 21 Gründe dafür auf, warum ich heute für diesen Tag dankbar sein kann. Am Anfang war das ein bisschen schwierig, schnell aber merkte ich, dass es sehr viel mehr Gründe für Dankbarkeit an jedem Tag gibt. Gerade für uns, die wir in einer Gegend und Zeit leben, in der uns ein relativ friedliches Leben in enormem Wohlstand möglich ist.

Oft habe ich diese Übung meinen Schülern empfohlen, die dann stöhnten: »Was, 21? So viel!« Worauf ich antwortete: »Wenn dir 21 zu viel ist, mach 42.«

Die Gründe gehen mir niemals aus

Zu diesen Gründen gehören beispielsweise ein gutes Gespräch, ein besonders leckeres Mittagessen, das Lächeln eines Fremden, die Möglichkeit des schamanischen Reisens, ein lustiger Nachmittag mit meiner Tochter, eine gut gelungene Arbeit … Wenn mir nichts Spezielles einfällt, dann danke ich beispielsweise dafür, dass ich mit Trinkwasserqualität duschen kann.

Durch diese Meditation lernte ich, auch die schwierigen Situationen wertzuschätzen, an denen ich etwas in mir überwinden oder begreifen konnte. Dabei habe ich nach und nach gelernt, allen Situationen etwas Schönes oder zumindest Wertvolles abzugewinnen. Ich danke auch allen Menschen, die mir begegnen, gerade denen, die mich kritisieren oder konfrontieren. Durch sie kann ich mein eigenes Verhalten reflektieren, ich kann weiter reifen und wachsen.

Danksagung

Meinen tiefsten Dank möchte ich denjenigen Menschen aussprechen, mit denen ich den schamanischen Weg wandern darf und die damit meiner Seele ein Zuhause gegeben haben, allen voran meiner Lehrerin Sandra Ingerman. Dank allen Teilnehmerinnen und Teilnehmern meiner Ausbildungen und Seminare für die Bereitschaft, sich von mir begleiten zu lassen; Dank allen Klientinnen und Klienten, die sich mir immer wieder aufs Neue anvertrauen. Sie haben mich mit ihren persönlichen Anliegen inspiriert, dieses Buch zu schreiben. Dank an alle, die mir ihre Erfahrungsberichte zur Verfügung gestellt haben.
Meiner Lektorin Karin Stuhldreier danke ich für ihr Vertrauen, diese neue Arbeit zu veröffentlichen.
Ganz besonderer Dank gilt meiner Wortschamanin Diane Zilliges; ohne sie würde es weder die Schönheit der Worte noch das besondere Glitzern im Fließen der Kapitel geben. Sie hat mit ihrem Können und ihrer Leichtigkeit die Arbeit an diesem Buch zu einer reinen Freude gemacht.

Weiterführende Adressen

Unter den folgenden Adressen finden Sie Informationen, Anregungen und Kontaktdaten:

Vera Griebert-Schröder: www.innenwege.de

Carlo Zumstein, Schweiz, und Foundation for Living Shamanism and Spirituality: www.flss.ch

Sandra Ingerman: www.sandraingerman.com

Foundation for Shamanic Studies Europa: www.fss.at (hier können Sie auch Trommel-CDs ohne gesprochene Worte bestellen)

Eine Adressenliste von schamanisch Praktizierenden und schamanischen Lehrern gibt es unter: www.shamanicteachers.com

Hier finden Sie Gruppen zum Reisen und Trommeln auf der ganzen Welt: www.shamaniccircles.org

Literaturhinweise

Achterberg, Jeanne: *Gedanken heilen. Die Kraft der Imagination.* Rowohlt, Reinbek 1990

Castaneda, Carlos: *Die Lehren des Don Juan.* Fischer, Frankfurt/Main 1996

Castaneda, Carlos: *Die Reise nach Ixtlan.* Fischer, Frankfurt/Main 1981

Faulstich, Joachim: *Das heilende Bewusstsein.* Knaur, München 2006

Faulstich, Joachim: *Das Innere Land.* Knaur, München 2003

Goodman, Felicitas: *Wo die Geister auf den Winden reiten.* Bauer, Freiburg i. Br. 1995

Halifax, Joan: *Die andere Wirklichkeit der Schamanen.* Hans Nietsch, Freiburg 1999

Harner, Michael: *Der Weg des Schamanen.* Rowohlt, Reinbek 1996

Ingerman, Sandra: *Auf der Suche nach der verlorenen Seele.* Ariston, Kreuzlingen 1998

Ingerman, Sandra: *Die Seele schützen.* Ariston, München 2006

Ingerman, Sandra: *Heilung für Mutter Erde.* Lotos, München 2002

Ingerman, Sandra: *Welcome Home – Die Heimkehr der Seele.* Ariston, Kreuzlingen 1999

Kaluza, Maria: *Der singende Fels.* Unionsverlag 2009

Levine, Peter: *Trauma-Heilung. Das Erwachen des Tigers.* Synthesis, Freiburg 1998

Levine, Peter: *Vom Trauma befreien.* Kösel, München 2007

Narby, Jeremy: *Die kosmische Schlange.* Klett-Cotta, Stuttgart 2001

Ruland, Jeanne: *Krafttiere begleiten Dein Leben.* Schirner, 2003

Skadé, Cambra: *Am Feuer der Schamanin. Reisewege im sibirischen Altai.* Arun 2007

Uccusic, Paul: *Der Schamane in uns.* Ariston, Kreuzlingen 1992

Van Kampenhout, Daan: *Heilung kommt von außerhalb. Schamanismus und Familienstellen.* Carl-Auer-Systeme, Heidelberg 2001

Villoldo, Alberto: *Das geheime Wissen der Schamanen.* Goldmann, München 2001

Villoldo, Alberto: *Die vier Einsichten.* Goldmann, München 2008

Zumstein, Carlo: *Der schamanische Weg des Träumens.* Ariston, Kreuzlingen 2003

Zumstein, Carlo: *Reise hinter die Finsternis.* Ariston, Kreuzlingen 1999

Zumstein, Carlo: *Schamanismus.* Diederichs, München 2001

A
Absicht als Teil des Gelingens 65f., 71
Altar *siehe* Raum, heiliger
Angaangaq Lyberth 60, 81
Angelus Silesius 35
Angst als Schutz 29
Ankh (altägyptisch) 9
Atmung 27

B
Belastungssyndrom, posttraumatisches 11
Beschwerden, alltägliche 14f.
Bewusstseinsreise 11, 13, 25, 33, 38f., 41, 45ff., 65ff.
– Nichteignung 52f.
– Überblick 53

C
Casey, Caroline 47
Castaneda, Carlos 9, 31
Charisma 14
Core-Schamanismus 45

D
Dankbarkeit empfinden 37f., 92

E
Ebene
– mentale und emotionale 28ff., 60f.
– spirituelle 31ff., 60f.
Erschöpfung, emotionale 28
Essenz 13, 63, 79

F
Fest, schamanisches 86

G
Glück des Kindes 38, 40f.
Göttlichkeit 7, 72

H
Haltung, innere 70f.
Harner, Michael 45f.
Heilung 25ff., 49, 85
Heilung, vier Ebenen 25f., 28
Helfer, geistige *siehe* Lehrer, geistige
Hilfe, professionelle 91f.
Himmel und Erde 18ff.

I
Individualität 8ff., 21
Ingerman, Sandra 10f., 13, 46, 93
Initiationsprozess/-ritual 20, 61
Inspiration, Kraft der 40ff.
Integration 27, 68, 74f., 77f., 89f.

K
Kernschamanismus 45
Khalil Gibran 20
Knochentanz 27, 41, 62, 75, 89, 91
Konditionierungen 11, 40, 78
– erkennen 21ff.
Kraft
– aktivieren 72, 80
– durch Erfahrung 41ff.
– einladen 71, 78, 89
Kraftgegenstand 69
Krafttiere 21, 33, 46f., 49ff., 58, 60, 68, 71, 78, 82f., 86

L
Lebenskraft 8, 11ff., 17, 39, 52
Lehrer, geistige 47, 50f., 58f., 65, 71, 75
Levine, Peter 26f.
Licht und Dunkel 9, 36f., 42

M
Mandala 8, 75
Mantras, persönliche 81

N
Naturkatastrophen 19f.
Negativnachrichten 35f.
Neuanfang 55ff.

O
Ordnung, kosmische 20f.
Orientierungslosigkeit 23

P
Picasso, Pablo 7
Potenzial des Lebens 7f., 12ff., 22, 29ff., 35, 57, 59, 62f., 79f.
Prioritäten setzen 88

R
Rasseln 46, 48
Räucherwerk 14, 32, 69f.
Raum, heiliger 51, 70
Reise, schamanische
siehe Bewusstseinsreise
Reisetechnik 47ff.
Rituale
– der Kraft 82f.
– des Loslassens 59ff.
– Heilkraft der 32, 41
– schaffen 69

S
Schamanen 20, 45ff., 52
Schamanismus 45f.
siehe auch Bewusstseinsreise
Schöpfungsmythos, eigener 80f.
Seelenerinnerung 5, 7ff., 13ff., 18, 20f., 25, 28ff., 35, 38ff., 45ff., 53, 55, 57, 62f., 65ff., 77ff., 89ff.
Seelenkraft 5, 7, 11ff., 18, 27, 39, 43, 68, 81, 84
Seelenrückholung 13f.
Seelenverlust 11ff.
Sehnsüchte 40f.
Sitzung, therapeutische 14
Spannung – Entspannung 27
Spiritualität 25
Spüren, bewusstes 27
Sufi-Geschichte 63
Symbole 9, 68f.

T
Trance 45f., 48
Transformation 57
Trauma(ta) 11, 26f., 35
Traumsequenz 67f.
Trommeln 14, 46, 48, 51f., 71, 86

U
Überraschungen akzeptieren 50

V
Vergangenheit verabschieden 55ff.
Vertrauen schöpfen 23
Vision finden 15, 18f., 45, 90
Vorstellungskraft 48

W
Wachstum als Sinn des Lebens 43
Wahrnehmung, Arten der 72
Wirklichkeit, nichtalltägliche/alltägliche 47ff., 52
Worte und Wünsche 66f., 79f.

Z
Zerstückelungsrituale, traditionelle 61
Zumstein, Carlo 46

Impressum

Redaktionsleitung:
Karin Stuhldreier
Projektleitung:
Sven Beier
Redaktion:
Dr. Ulrike Kretschmer, München
DTP/Satz und Gesamtproducing:
Dr. Alex Klubertanz, München
Bildredaktion:
Christa Jaeger
Korrektorat:
Susanne Langer, Traunstein
Umschlag:
R. M. E. Eschlbeck/ Kreuzer/Botzenhardt

Druck und Bindung:
Alcione, Trento

Printed in Italy

ISBN 978-3-517-08493-0
817 2635 4453 6271

Hinweis für unsere Leser

Die Informationen in diesem Buch sind von Autorin und Verlag sorgfältig erwogen und geprüft, dennoch kann eine Garantie nicht übernommen werden. Eine Haftung der Autorin bzw. des Verlags und seiner Beauftragten für Personen-, Sach- und Vermögensschäden ist ausgeschlossen.

Quellennachweis

S. 47: Sandra Ingerman: *Heilung für Mutter Erde.* © 2002 Econ Taschenbuchverlag in der Ullstein Buchverlage GmbH, Berlin

Bildnachweis

Alamy, UK: 34 (Robert Harding Picture Ltd.); Corbis, Düsseldorf: 16 (Rudy Sulgan); Getty Images, München: 19 (T. S. Kennedy/National Geographic), 54 (Wally Eberhart); iStockphoto: 10; linzenzfrei: 44, 84; Panther media, München: 6, 22, 24, 28, 37, 42, 50, 56, 60, 64, 73, 74, 76, 82, 87